Éclaireuses Unionistes

LA PRÉPARATION

D'UNE ÉCLAIREUSE

(Grades de Petites Bleues et Aspirantes)

PROGRAMMES OFFICIELS

EN VENTE :
9, RUE DAUNOU, PARIS (2ᵉ)

LA PRÉPARATION
D'UNE ÉCLAIREUSE

(Grades de Petites Bleues et Aspirantes)

PROGRAMMES OFFICIELS

EN VENTE :

9, RUE DAUNOU, PARIS (2ᵉ)

LE CODE DE L'ÉCLAIREUSE
(Eclaireuses Unionistes)

SERMENT : Avec l'aide de Dieu (1)
Je promets sur mon honneur de faire tout mon possible pour

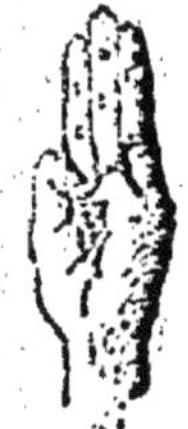

Servir DIEU, (1)

PATRIE,

FAMILLE.

Aider les autres en tout temps,

Obéir à la Loi des Eclaireuses.

LOI :

1. — Une Eclaireuse est **LOYALE**, on peut compter sur elle, elle ne ment jamais.

2. — Une Eclaireuse est **DISCIPLINÉE**, elle obéit joyeusement et sans hésiter.

3. — Une Eclaireuse est **CALME**, elle sait se dominer, et garde toujours son sang-froid.

4. — Une Eclaireuse est **ÉNERGIQUE**, elle est tenace, débrouillarde, décidée, et trouve toujours moyen de surmonter les difficultés.

5. — Une Eclaireuse est **BONNE**, elle est polie envers tout le monde, ne manque jamais une occasion d'aider les autres et protège les plus faibles qu'elle.

6. — Une Eclaireuse est **TRAVAILLEUSE**, elle est prévoyante et ne gaspille rien.

7. — Une Eclaireuse est **l'AMIE** des **ANIMAUX** et des **PLANTES**, elle n'en détruit pas sans raison.

8. — Une Eclaireuse est **SOBRE**, elle est simple dans ses goûts et sa parure.

9. — Une Eclaireuse est de **BONNE HUMEUR**, elle aime et s'efforce de faire régner la paix autour d'elle, et prend tout du bon côté.

10. — Une Eclaireuse est **PURE**, elle est réservée dans son attitude et ses propos.

UNE ÉCLAIREUSE DOIT FAIRE AU MOINS UNE BONNE ACTION PAR JOUR

DEVISE :   **MOT D'ORDRE :**

Fais ce que dois.   Sois prête.

(1) Les Sections obligatoirement laïques dans lesquelles il est impossible de prononcer le nom de Dieu, le suppriment du Serment.

EXTRAITS DES STATUTS ET RÈGLEMENTS
de la Fédération des Eclaireuses

ORGANISATION GÉNÉRALE

I. GRADES.

Il existe, dans le mouvement des Eclaireuses, une véritable hiérarchie de classes et de grades. Chaque Eclaireuse a sa place marquée dans l'ensemble. A chaque place correspondent des devoirs et des droits, des responsabilités précises et une autorité réelle.

Que chaque Eclaireuse se tienne à sa place, quelle qu'elle soit, et y remplisse tout son devoir,

voilà la première des disciplines sociales qu'il faut savoir s'imposer dès que plusieurs membres travaillent en commun.

Les grades sont les suivants (1) :

Petite Bleue ;
Aspirante ;
Eclaireuse de 2e classe ;
Eclaireuse de 1re classe ;
Sous-Chef de patrouille ;
Chef de patrouille ;
Cheftaine ;
Commissaire de Secteur ;
—   Régionale ;
—   Nationale.

II. GROUPEMENTS.

Les Eclaireuses se groupent pour agir et travailler.

I. Patrouille :

La Patrouille est le plus petit des groupements autonomes. Il est composé de **4 à 6 Eclaireuses ou Aspirantes** sous la direction d'un **Chef de Patrouille**, assisté d'un **Sous-Chef.**

(1) Pour l'obtention de ces grades voir pages 12 à 15.

La patrouille est une petite famille très unie.

Chaque Eclaireuse y est responsable de sa compagne et doit se sentir liée à elle, par une solidarité étroite, dans une action commune ; elle ne recherche ni récompenses, ni louanges, ni succès personnels ; le but de ses actes doit être d'augmenter la bonne réputation de la patrouille, de soutenir son honneur. Tout succès individuel d'un de ses membres est un succès pour la patrouille ; toute faute, un deuil dont la patrouille entière souffre.

Dans les manœuvres, les sorties et les camps, la patrouille doit se suffire à elle-même, elle est responsable de sa tente, de son matériel et de tout ce qu'elle peut acquérir par elle-même. Elle se réunit parfois en « Conseil de patrouille » pour discuter les questions qui la concernent (concours de patrouille, examen de patrouille, B. A. collective dite de patrouille, etc.).

II. Section :

La section comprend **4 patrouilles, au plus,** réunies sous l'autorité d'une Cheftaine.

La section est absolument autonome. Elle possède un Comité de patronage qui s'intéresse à son action et à son développement.

III. Groupe Régional :

Plusieurs Sections d'une même région forment un **Groupe Régional** sous l'autorité d'une **Commissaire Régionale.**

Ces groupes peuvent être divisés en **secteurs** dont la responsabilité est confiée à une **Commissaire de Secteur.**

IV. Commission Nationale :

Enfin, la direction générale du mouvement est confiée à une Commission Nationale qui a pour mandataire une **Commissaire Nationale,** qui peut être assistée d'adjointes.

Ces diverses Commissaires ont pour fonction de coordonner l'activité des différentes Sections, de conseiller et de soutenir les Cheftaines, de représenter le mouvement près des autorités locales et des pouvoirs publics, de présider aux concours, etc.

SIGNES DE RECONNAISSANCE DES ÉCLAIREUSES

I. Insigne général :

L'Insigne est une feuille de trèfle, symbole du triple Serment de l'Eclaireuse ; il est international et adopté par les Girl Guides (Eclaireuses Anglaises), les Girl Scouts (Eclaireuses Américaines), les Giovani Guide (Eclaireuses Italiennes) et les Eclaireuses de Belgique et de Suisse.

Les Girl Guides l'appellent leur « Life », c'est-à-dire leur « Vie », et les Eclaireuses Françaises lui donnent aussi ce nom qui résume en un mot tout ce que l'Insigne représente pour elles.

L'Insigne se place sur le devant du chapeau, sur la jarretière.

II. Salut :

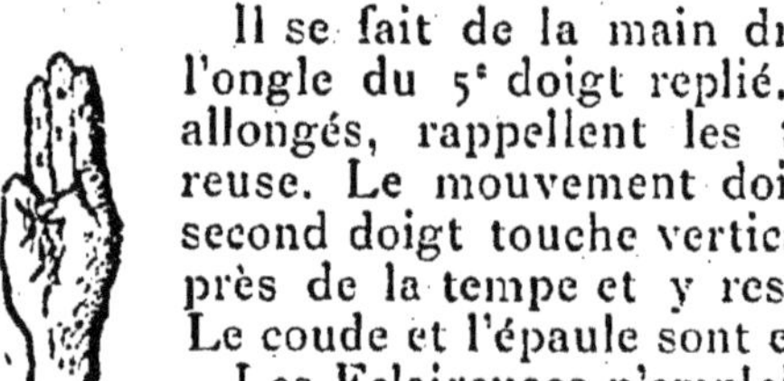

Il se fait de la main droite ; le pouce s'appuie sur l'ongle du 5e doigt replié. Les trois doigts du milieu, allongés, rappellent les trois promesses de l'Eclaireuse. Le mouvement doit être net sans raideur ; le second doigt touche verticalement le bord du chapeau près de la tempe et y reste au moins deux secondes. Le coude et l'épaule sont effacés.

Les Eclaireuses n'emploient le Salut que lorsqu'elles sont en tenue, avec leurs Chefs ou d'autres Eclaireuses, ou certaines personnes telles que leur présidente, leurs instructrices, etc. Dans les autres cas, les Eclaireuses emploient les marques habituelles de politesse.

III. Appellations :

Le titre de « Chef » est donné aux Cheftaines en toutes circonstances.

IV. Insignes des grades et classes :

GRADES	CORDELIÈRE	ÉTOILES	INSIGNES SPÉCIAUX
—	—	—	—
Commissaire Nationale..	Tricolore.............	2 d'or.	
— — adj.	—	1 —	
— Régionale..	—	2 d'arg.	
— — adj.	—	1 —	
— de Secteur....	—	2 rouges.	
— — adj.	—	1 —	
Cheftaine.............	Blanche.............	2 d'or....	Fanion blanc avec cravate aux couleurs de la Section
— adj......:.....	—	1 — ...	
Instructrice.............	....	....	Cocarde rouge et verte.
Chef de Patrouille.......	Blanche et coul. de Patrouille	2 d'arg.	
Sous-Chef de Patrouille.	— — —	1 —	
Eclaireuse de 1ʳᵉ classe...	Couleur de Patrouille.	1 rouge.	
— 2ᵉ — ..	— —	....	Insigne seulement.
Aspirante.............	— —	....	Pas d'Insigne.
Petite-Bleue.............	....	....	Flot bleu, pas de costume.

La cordelière se porte au cou ; les étoiles se portent au bras gauche, ce sont les seuls insignes se portant sur la jaquette.

Toutes les cordelières sont en coton ; celles des chefs peuvent être en soie.

FIG. 1

Fond vert bordé de rouge (Section verte et rouge).
Silhouette brune (Patrouille brune des Ecureuils).

FIG. 2

Fond rouge (Section rouge).
Carré brun (patrouille brune).
Houx brodé (patrouille des houx).

V. Insignes de Section :

Fanion tricolore (40 ^{cm} × 50 ^{cm}) étaminé, frangé or et cravaté aux couleurs de Section (obligatoire). Le **nom**, l'**emblème** et la **devise** de la Section sont brodés sur le fanion (facultatif).

Cravate : toutes les Eclaireuses d'une même section ont des cravates identiques unies ou bicolores (obligatoire).

VI. Insigne de Patrouille :

Fanion de la couleur de la Section, portant :

Soit la silhouette de l'emblème de patrouille (fleur ou oiseau) de la couleur de la patrouille (fig. 1) ; soit l'emblème peint ou brodé dans un carré de la couleur de la patrouille (fig. 2).

Si la Section est bicolore les fanions de patrouille sont bordés d'une bande de la 2e couleur (fig. 1).

Cri de patrouille (facultatif), s'emploie pour les rassemblements par patrouille ;

Emblème brodé au-dessus de la poche gauche de la chemisette (facultatif).

Cordelière : toutes les Eclaireuses d'une même patrouille portent une cordelière de même couleur.

VII. Carte d'Identité :

Toute Eclaireuse en costume doit avoir sa carte d'idendité.

VII. Signes secrets :

→   Chemin à suivre ;

✕   Chemin à ne pas suivre ;

▭→   Lettre cachée à trois pas dans la direction de la flèche ;

◉   Je suis rentrée chez moi. Tout est fini ;

▣   Attendez ici ;

⊖→   Eau potable dans cette direction ;

⊜→   Eau dangereuse dans cette direction ;

◭   Je suis au camp ;

◭   J'ai quitté le camp ;

◭   Camp dans cette direction ;

    Je vais à pied ;

    Nous nous sommes divisés 3 d'un côté, 4 de l'autre ;

〉〉   Aucun danger. Tout va bien. Paix ;

〉〈   Danger par ici. Malheur. Guerre.

Signature d'une Éclaireuse : matricule ; emblème de patrouille ; nom et numéro de section.

Signé : le Chef de la Patrouille des Iris (Section Paris-Montmartre).

Un bâton fiché verticalement en terre et surmonté d'une touffe d'herbe signifie : « J'ai placé un signe ici ».

Trois bâtons appuyés l'un sur l'autre en faisceau signifient : « On peut camper ici ».

BREVETS ET DISTINCTIONS

I. Brevets : (1)

Les brevets s'obtiennent par des examens dont les programmes portent chacun sur un point spécial de l'enseignement des Éclaireuses. Les Commissaires Régionales ou de secteur délivrent ces brevets. Leurs insignes se portent sur la chemisette au bras droit.

(1) Les programmes et les insignes des brevets seront fixés plus tard.

Seize d'entre eux (en caractères gras) sont les **brevets fonda-mentaux**. Les astérisques indiquent ceux qui doivent être repassés chaque année.

Amie des animaux.	Interprète *.
Apicultrice.	**Jardinière.**
Avicultrice.	Laitière.
Brodeuse.	Laveuse.
Campeuse *.	**Maîtresse de maison.**
Couturière.	Mission coloniale.
Cultivatrive.	Musicienne.
Cuisinière.	**Nageuse** *.
Cycliste.	Naturaliste.
Dessinatrice.	**Observation.**
Econome.	**Petite mère.**
Electricienne.	Photographe.
Femme de lettres.	**Puéricultrice.**
Fermière.	**Raccommodeuse.**
Garde-malade.	Repasseuse.
Géologue.	Secours aux blessés *.
Guide.	Secrétaire *.
Gymnastique *.	Signaleuse *.
Hygiène et propreté *.	Sports.
Ingéniosité *.	Tricoteuse.

II. Diplômes :

Plusieurs brevets donnent droit à des **diplômes** différents suivant le nombre de brevets qu'ils représentent.

Chevron de soie jaune pour 6 brevets dont 3 fondamentaux.
—   —   rouge — 12 —   — 6   —
—   —   brodé d'argent pour 18 brevets dont 9 fond.
—   —   — d'or   — 24 —   — 12 —

Ces chevrons se portent sur la chemisette, au bras droit, près de l'épaule.

III. Perles de B. A. :

Ces perles sont le souvenir et la récompense des Bonnes Actions dites « extraordinaires ». Elles se portent en collier, enfilées sur un cordonnet rouge.

Toute initiative personnelle aboutissant à un acte de **Service Social** est une B. A. extraordinaire.

Perle rouge :

Service de Croix-Rouge : Hygiène sociale ; soigner un malade ; secourir un accident ; assainir un local ; nettoyer une chambre malpropre ; enseigner la propreté autour de soi ; apporter son concours à une œuvre d'hygiène privée ou publique ; aider à combattre l'alcoolisme et la tuberculose ; visiter les malades, etc.

Perle jaune :

Service familial : tout service rendu dans sa maison ou dans sa famille.

Perle verte :

Service agricole : 1. Services rendus aux paysans pour culture et élevage ; 2. Résultats obtenus soi-même en cultivant ou élevant (la perle est donnée au moment de la récolte ou de la vente des animaux, œufs, lait, etc...).

Perle brune :

Service d'instruction : Augmenter la fréquentation scolaire ; diminuer le nombre des illettrés ; aider à la grandeur de la Patrie en développant d'une façon sensible sa propre instruction et celle d'autres personnes ; travaux intellectuels utiles, etc.

Perle bleue :

Service patriotique (n'entrant pas dans les catégories précédentes) : Services rendus à la municipalité : quêtes, ventes, service d'ordre ; concours apporté à une œuvre municipale patriotique ; épargne nationale ; discipline générale dans une assemblée ; propagande faite par des actes méritoires à l'étranger, aux colonies, etc...

Perle blanche :

Service de puériculture : Tout soin aux enfants au-dessous de 10 ans ; aide apportée à une mère de famille pour soigner, élever, nourrir des enfants en bas âge.

Perle en bois kaki :

Service aux Eclaireuses : Services extraordinaires rendus aux Eclaireuses.

5 perles des couleurs rouge, jaune ou blanche donnent droit à une grosse perle longue de même couleur. Il faut 7 perles pour les autres nuances.

LE COSTUME RÉGLEMENTAIRE

Voir les figures à la fin du livre·

La couleur adoptée pour le costume est le brun ou le kaki — boutons de corozo assortis.

La forme réglementaire est la suivante :

Chapeau : Piqué, légèrement breton, calotte à six pièces, bord souple piqué de 6 à 8 cm., jarretière portant un dépassant de la couleur de la section.

Jupe : La jupe est absolument droit fil. Sur les hanches : fronces ; devant et derrière : panneau de 12 cm. environ formé par un pli rond. De chaque côté du panneau et pour donner plus d'ampleur, se trouve un pli couché (ces 4 plis ne sont obligatoires que pour les Cheftaines). De chaque côté une fente fermée par un bouton donne accès à une poche de doublure (fig. 9).

Jaquette (facultative) : La jaquette est droite. Dos plat, col et revers forme tailleur avec échancrure ; sur le devant trois boutons. Poches : une petite en haut à gauche ; en bas deux grandes poches à soufflets (voir fig. 3), fermées par un bouton. Ceinture de 4 cm. à 5 cm., en tissu, croisant et à deux boutons (voir la planche des patrons) ; pas de pattes d'épaules.

Chemisette : De couleur assortie au costume, froncée et montée sur empiècement (figure 1).

Petit col rabattu, décolleté à la base du cou (fig. 4). Manches à poignets. Deux poches à plis assez importantes, pas de pattes d'épaules. La blouse peut être à basque, ou sans basque (figures 2 et 3, GL et G'H'), ou longue et droite (figures 2 et 3, IJ et I'K). Elle doit être la même pour toutes les Eclaireuses d'une même section.

La chemisette blanche est obligatoire dans les grandes occasions (forme facultative).

Ceinture : De cuir, à mousqueton si possible.

La cape et le caoutchouc sont autorisés.

Les hauts talons sont absolument interdits.

Port d'insignes, bijoux, objets divers, etc. : *L'Insigne* se porte au chapeau au milieu du devant et sur la jarretière. La *cordelière* se porte au cou d'une façon très apparente. Les *étoiles* se portent sur la chemisette et la jaquette, au bras gauche. Les *brevets et diplômes* se portent au bras droit, sur la chemisette seulement. L'*emblème de Patrouille* se porte au-dessus de la poche gauche de la chemisette. Les *colliers de B. A.* ne se portent pas sur la jaquette.

Les mouchoirs de fantaisie dépassant la poche sont interdits.

La cravate est fixée par l'insigne d'une Société ou Ligue dont l'Eclaireuse fait partie.

A la ceinture doit pendre un sifflet attaché à la cordelière, un couteau, un rouleau de ficelle. En général le quart ne se porte pas à la ceinture.

Les mouchoirs de fantaisie dépassant la poche et les bijoux sont interdits (surtout les brillants dans les cheveux, les colliers chaînes et pendeloques, broches de valeur, etc.). Par exception sont autorisées une chaîne de cou non apparente avec médaille ou croix, une bague.

PROGRAMME DES EXAMENS

Petite Bleue

Pour devenir Petite Bleue, il faut :

1. Avoir 11 ans au moins et 18 ans au plus (à moins d'une décision spéciale du conseil de chefs).

2. Apporter une autorisation écrite des parents.

3. Savoir l'Engagement et la Loi par cœur.

4. Savoir se présenter correctement et saluer.

5. Pouvoir signer l'engagement suivant : « Je m'engage à « suivre régulièrement les réunions et à faire tous mes efforts « pour devenir chaque jour plus digne du titre d'Eclaireuse « auquel j'aspire. »

Aspirante

Pour devenir Aspirante il faut :

1. Avoir été Petite Bleue pendant un mois, au moins.

2. Connaître les principaux signes de reconnaissance des E. U.

3. Savoir exécuter les mouvements de manœuvre répondant aux commandements suivants :

Garde à vous,	Marquez le pas,
Repos,	Pas de course,
A droite, droite,	Marche au pas,
A gauche, gauche,	Attention, halte,
Demi-tour à droite (3 temps),	

et les manœuvres successives nécessaires pour mettre une section dans la « position d'exercice ».

4. Passer un examen qui **prouve** les connaissances et possibilités suivantes :

a) *Développement physique :* 1. Trois mouvements de gymnastique simple à faire *tous les jours* (surtout mouvements respiratoires) ; 2. Capacité respiratoire 4 cm. ; 3. 5 minutes de course ; 4. Saut en hauteur, en largeur, avec élan, de côté.

b) *Développement pratique :* 1. Faire très vite et solidement un paquet ; 2. Faire de suite et solidement 6 nœuds ; 3. Faire une couture rabattue ; 4. Faire de mémoire la liste de 16 objets au moins après en avoir vu, pendant une minute, 25 disposés sur un plateau.

c) *Développement intellectuel et artistique :* 1. Formation et symbole du Drapeau français ; 2. Symbole et importance du salut ; 3. Exécution d'un chant simple.

d) *Développement moral et spirituel :* Prouver en répondant à des questions orales ou écrites : 1. Que l'on a compris la Loi ; 2. Que l'on sait les moyens de mettre la Loi en pratique ; 3. Que l'on connaît l'histoire du Christ (1).

Eclaireuse de 2ᵉ classe

Pour devenir Eclaireuse de 2ᵉ classe il faut :

1. Etre autorisée par la cheftaine (qui se porte garante de l'aptitude à devenir Eclaireuse).
2. Connaître les manœuvres complètes de patrouille et de section.
3. Avoir économisé et placé au moins deux francs.
4. Prêter Serment ou prendre l'Engagement.
5. Satisfaire aux épreuves suivantes :

a) *Développement physique :* Parcourir à pied 5 km. sans fatigue. Courir 12 mètres en 20 secondes. Exécuter 5 nouveaux mouvements de gymnastique.

b) *Développement pratique :* Manier vite et bien une bande de pansement et faire un bandage simple. Reconnaître 6 différents oiseaux, animaux ou plantes ; indiquer leurs principales caractéristiques. Faire un lit convenablement. Savoir laver, sécher, raccommoder et plier une paire de bas. Savoir allumer un feu en plein air avec deux allumettes seulement. Présenter un plat fait par soi-même, indiqué par la cheftaine.

c) *Développement intellectuel et artistique :* La devise de la

(1) Les sections obligatoirement laïques rattachées aux Eclaireuses Unionistes peuvent la supprimer si elle suscite des difficultés ou des malentendus. Cependant au point de vue historique seul, la vie du Christ a une incontestable importance que l'on ne doit pas, semble-t-il, laisser ignorer aux enfants.

France : Liberté, Egalité, Fraternité. Le Témoignage : raconter sans grosse erreur une courte scène ayant 2 acteurs : lieu, personnages (ou animaux), faits et gestes, sens de ces derniers. Système Morse. Signaux à bras et au sifflet. Règle pratique d'hygiène personnelle (à connaître et mettre en pratique, répondre à 5 questions sur ce sujet).

d) *Développement moral et spirituel :* Etude et méditation particulière de l'Engagement.

Eclaireuse de 1ʳᵉ classe

Pour devenir Eclaireuse de 1ʳᵉ classe il faut :

1. Rechercher, préparer et présenter à son examen une Petite Bleue.

2. Passer un examen qui prouve les connaissances suivantes :

a) *Développement physique :* Nager 30 mètres et faire la planche. [A moins d'impossibilités matérielles ou d'ordonnance du médecin : jouer avec une correction et un sang-froid parfait l'un des jeux : camp ruiné ou balle au panier (Basket-ball)]. Courir pendant 8 minutes sans arrêt.

b) *Développement pratique :* Construire un auto-cuiseur et y faire un plat. Balayer et nettoyer une chambre à fond, la ranger et l'orner coquettement. Avoir économisé 5 fr. (3 + 2) et les avoir placés. Présenter une pièce de lingerie soignée, taillée, cousue et repassée par soi-même. Baigner et habiller un bébé. Présenter un compte rendu détaillé d'une visite à un monument ou d'une excursion (itinéraire, croquis, rencontres, observations de la nature, du temps). Connaître la région avoisinant le siège de la section (plan des rues ou routes, maisons utiles : pharmaciens, docteurs, boulangers, etc., hôpitaux, dispensaires, bâtiments publics, postes et télégraphes, hôtels, poste d'incendie). Connaître les petits remèdes et premiers soins en cas d'accidents (asphyxie, syncopes, empoisonnements, morsures ou piqûres venimeuses, brûlures et gelures, hémorragie, noyade).

c) *Développement intellectuel et artistique :* Chant à deux voix sans piano, ou exécution d'un dessin. Connaissance et reconnaissance des principales étoiles. Orientation au moyen du soleil et de la lune. Hygiène de l'alimentation (aliments nourrissants et non nourrissants, digestifs et indigestes, nourriture des bébés, mauvaises boissons). Savoir répondre à 5 questions sur ces sujets.

d) *Développement moral et spirituel :* Responsabilités de la jeune fille et de la femme. Connaissance et compréhension plus grandes de l'Engagement et de la Loi. Son application dans la vie de deux femmes célèbres.

Sous-chef de Patrouille

Pour être sous-chef de patrouille, il suffit d'être choisie par le chef de patrouille parmi les Eclaireuses ou d'être élue par ces dernières et les Aspirantes.

Chef de Patrouille

Pour être chef de patrouille, il faut :

Etre choisie par la cheftaine.

Etre nommée par le Conseil de Chefs.

Un an après sa nomination, un chef de patrouille doit se présenter devant le Conseil de Chefs et prouver qu'elle possède les brevets suivants : **Campeuse, Couturière, Cuisinière, Garde-malade.**

Cheftaine

Pour être Cheftaine il faut :

1. Etre âgée de 20 ans au minimum (à moins d'exception).

2. Passer le deuxième examen, ou l'examen spécial des Cheftaines (une session a lieu chaque année au Congrès Annuel des Eclaireuses).

3. Donner de sérieuses garanties de valeur morale et spirituelle.

4. S'engager à rester fidèle aux principes du mouvement (1).

5. Etre acceptée par la Commissaire Régionale.

Examen de Patrouille (non obligatoire).

Donne droit au port de l'emblème de patrouille (brodé au-dessus de la poche à gauche ou porté en épingle de cravate) et à la garde du fanion de patrouille. Le Chef de Patrouille prépare à l'examen, le Conseil de Patrouille (toute la patrouille) juge les épreuves à subir. — Ces épreuves sont :

1. Savoir signer son nom d'Eclaireuse.

2. Savoir exécuter et reconnaître le cri de patrouille (non obligatoire).

3. Connaître très bien et reconnaître sûrement la plante ou l'animal emblème de la patrouille (développement, particularités, climat et milieu propices, reproduction, utilité et nocivité).

4. Dessiner et peindre soigneusement la plante ou l'oiseau.

5. Si c'est une plante, la cultiver chez soi à moins d'impossibilité reconnue, et en présenter quelques brins à la patrouille.

6. Si c'est un oiseau domestique, l'élever chez soi à moins d'impossibilité. Sinon reconnaître son vol, sa trace, son nid (le dessiner), ses œufs, ses différentes sortes de plumes.

(1) S'adresser, 9, rue Daunou, Paris 2ᵉ, pour avoir les Statuts.

POUR DEVENIR PETITE BLEUE

(Voir le programme page 12)

I. LIMITE D'AGE

Le conseil de chef peut faire des exceptions et accepter des enfants plus jeunes, mais cette tolérance n'est pas recommandée.

II. AUTORISATION DES PARENTS

Cette autorisation est nécessaire pour couvrir en partie la responsabilité de la cheftaine. C'est aussi un acte explicite et volontaire qui assure à la cheftaine la collaboration des parents.

III. SERMENT ET LOI

Ce qui distingue une Eclaireuse d'une autre petite fille c'est qu'elle a prêté serment, et qu'elle obéit à la Loi. Puisque tu veux devenir Eclaireuse les premières choses que tu dois apprendre sont le Serment et la Loi. Regarde bien la première page de ce livre ; ce que tu y vois devra compter plus que tout autre chose dans ta vie d'Eclaireuse. Dès maintenant il faut que tu portes sans cesse ta Loi dans ta mémoire et dans ton cœur.

La Loi se résume ainsi :

1. Une E. est **Loyale.**
2. Une E. est **Disciplinée.**
3. Une E. est **Calme.**
4. Une E. est **Energique.**
5. Une E. est **Bonne.**
6. Une E. est **Travailleuse.**
7. Une E. est **Amie** des animaux et des plantes.
8. Une E. est **Sobre.**
9. Une E. est de **Bonne Humeur.**
10. Une E. est **Pure.**

Tout ce qui vaut la peine d'être fait mérite d'être bien fait.

Quant on sait bien cela le reste des commandements revient à la mémoire tout naturellement.

Un « truc » pour se souvenir de l'ordre des commandements consiste à se rappeler les deux groupes de lettres suivants :

L D C E B   T A S B P

Il n'y a que 2 voyelles parmi ces lettres. Remarquons leur place : elle se regardent l'une l'autre par-dessus la tête d'une consonne.

IV. TENUE CORRECTE ET SALUT

La tenue d'une jeune fille est jugée correcte quand elle est vêtue proprement, qu'elle a le visage et les mains lavés, les cheveux soigneusement peignés et de préférence nattés. Pour se présenter devant sa cheftaine, la fillette doit marcher à elle d'un pas vif et décidé, s'arrêter à trois pas au fixe et saluer.

La position au fixe est certainement la plus facile à prendre, celle qui convient le mieux en toute occasion aux membres d'une Section, celle qui leur évite le plus sûrement d'avoir l'air gauche et empoté ou au contraire impertinent et effronté ; elle est à la fois décidée et respectueuse.

Elle se définit ainsi : talons joints et pieds écartés, corps droit bien d'aplomb, bras pendants le long du corps, épaules effacées et poitrine bombée, tête droite et regard de face.

Le Salut *(Voir pages 5 et 44)*

V. L'ENGAGEMENT DES P. B.

La régularité aux réunions et le zèle sont absolument nécessaire à la P. B. qui veut devenir Aspirante.

Si elle ne vient pas régulièrement et ne fait aucun effort elle n'arrive jamais à rien et fait mieux de ne pas venir du tout pour ne pas faire perdre son temps à la cheftaine.

« Tout mon possible »

(Mot d'ordre des Louveteaux).

Deux fillettes que je connais se présentèrent un jour à la Section pour se faire inscrire. Elles voulaient bien être Petites Bleues mais elles ne voulaient pas suivre régulièrement les réunions et faire des efforts pour devenir de bonnes Eclaireuses. Elles espéraient s'amuser le plus possible et obéir le moins possible aux Chefs et à la Loi.

Quant la Cheftaine leur présenta le beau Livre de la Section et leur demanda de signer l'engagement des P. B., elles furent bien attrapées je vous assure et elles rentrèrent chez elles tout honteuses.

Quelques temps après, elles revinrent assister à une réunion, puis à plusieurs autres. Elles se mettaient dans un coin sans rien dire, mais elles réfléchissaient et un jour elles s'approchèrent de la Cheftaine et demandèrent à signer l'engagement. L'une de ces fillettes est maintenant sous-chef de patrouille.

Comme elles, réfléchis bien à ton engagement avant de le signer.

Réception d'une P. B.

Lorsqu'une fillette veut devenir Petite Bleue, elle se présente à la cheftaine qui l'interroge et inscrit ses noms et âge. Les parents signent une autorisation écrite que la cheftaine doit autant que possible leur remettre elle-même, soit en les invitant à assister à une réunion de propagande où elle expliquera l'œuvre qu'elle désire faire, soit en allant les visiter. L'enfant doit revenir trouver la cheftaine une seconde fois et, devant la section réunie, *saluer* et se *présenter* correctement, donner l'*autorisation* de ses parents, *réciter l'Engagement et la Loi*, puis *signer* l'engagement sur le Livre de Section. La cheftaine lui souhaite la bienvenue, lui remet un flot bleu et la présente à la Section qui salue.

A cœur vaillant rien d'impossible.

(Proverbe).

POUR DEVENIR ASPIRANTE

(Voir le programme page 12)

I. DÉLAI PRÉPARATOIRE

II. SIGNES DE RECONNAISSANCE

(Voir pages 5 à 10)

III. MANŒUVRES ÉLÉMENTAIRES DE SECTION

Ces manœuvres sont importantes pour fortifier la discipline, exercer la volonté et la maîtrise de soi, donner des habitudes d'ordre et de solidarité. Elles doivent être **bien faites**, c'est-à-dire avec **sûreté, promptitude, calme et sang-froid. Le silence est de rigueur.**

Garde à vous : Un seul coup de sifflet signifie : silence, attention, garde à vous, fixe. Il annonce que le chef va parler ou que d'autres commandements vont suivre, etc.

Pour devenir Aspirante, la Petite Bleue doit s'habituer à obéir sans la plus petite hésitation à ce coup de sifflet ; elle doit quitter immédiatement son occupation et se tenir debout, immobile, face à celle qui vient de siffler (1).

(1) Exercice : rassembler les Eclaireuses, puis les disperser ; pendant qu'elles exécutent avec promptitude et vivacité ces mouvements, siffler le « garde à vous ». Répéter cet exercice jusqu'à ce que les Eclaireuses se mettent au « garde à vous » promptement et avec sang-froid.

L'être fort est rarement lâche.

(Adage suédois).

Repos : Les mains derrière le dos, le pied gauche en avant.

Front : La tête de face, le regard en avant.

A droite, droite : L'Eclaireuse pivote d'un quart de cercle à droite en deux temps : 1° pivoter sur le talon droit ; 2° rassembler le pied gauche.

A gauche, gauche : même mouvement à gauche.

Demi-tour à droite : Se fait en trois temps. : 1° pied droit en arrière ; 2° pivoter demi-tour sur les deux talons ; 3° rassembler le pied droit.

Marche au pas : Au commandement « en avant, marche », l'Eclaireuse doit partir du pied gauche. La marche au pas doit être **souple**, bien cadencée, surtout **légère;** les pas normaux, plutôt petits, le pied posant par la semelle et le talon marquant peu. La souplesse nécessaire s'acquiert par des exercices de marche et de saut.

Pas de course : A ce commandement, les Eclaireuses prennent la position suivante : bras légèrement pliés, sans raideur, sans être collés au corps. Au commandement « en avant, marche », les Eclaireuses partent du pied gauche. Le pas de course doit être **souple** et très **léger** (une section au pas de course doit faire peu de bruit). La pointe du pied seule touche le sol, le corps est porté en avant, la poitrine bombée, la tête haute. Les pas doivent être normaux, plutôt petits, réguliers, sans précipitation.

Attention, halte : Après ce dernier mot, l'Eclaireuse en marche pose encore un pied en avant et rassemble.

Mise en position d'exercice : La Petite Bleue doit savoir encore la manœuvre dite « mise en position d'exercice » qui comprend les commandements suivants :

Le grand air c'est la santé ; la santé c'est la vie.

Base : « une telle », face à moi, marche : La fillette appelée accourt (une Eclaireuse appelée vient toujours en courant) et s'arrête à trois pas au « garde à vous », face à l'instructrice. Elle doit garder tout le temps un impassible « garde à vous », indispensable à l'exécution facile et rapide des manœuvres. C'est la « Base » qui donne la direction à la section, c'est sur elle que se règle l'alignement.

Section, face à moi, sur un rang : Les Eclaireuses s'alignent à gauche de la base, par rang de taille, et mettent la main droite sur la hanche pour ménager entre elles un écartement (fig. I).

Base

1 2 3 4 5 6 7 8 9 10

Figure I

Alignement : Toutes les têtes se tournent à droite, le menton touchant l'épaule, le corps restant de front, et chaque Eclaireuse prend l'alignement en se réglant sur la base et sur sa voisine de droite.

Garde à vous : (Voir plus haut).

Numérotez-vous : Chaque Eclaireuse dit son numéro en tournant la tête du côté de l'Eclaireuse suivante, le corps restant de front.

Numéros pairs derrière (ou devant), les numéros impairs, marche : Ce mouvement se fait en quatre temps : 1° Un pas en arrière du pied gauche ; 2° rassemblez du pied droit ; 3° un pas à droite du pied droit ; 4° rassemblez pied gauche (fig. II).

Numérotez-vous : (Voir plus haut).

1ᵉʳ rang : numéros pairs, un pas en avant, marche (2 temps) (fig. III).

	2	4	6	8	10
Base	1	3	5	7	9

Figure II

	2	4	6	8	10
1				5	9
	3			7	

Figure III

2ᵉ rang : numéros impairs, un pas en arrière, marche (2 temps) (fig. IV).

```
   2   6
 ⸰ 4   8   10
Base 1   5   9
   3   7
Figure IV
```

Ces manœuvres successives mettent la section dans la position d'exercice et doivent précéder toute leçon de gymnastique, signalisation etc.

(Tiens-toi droite)

IV. EXAMEN

A. Développement physique

1. Gymnastique :

Trois mouvements de gymnastique simple doivent être faits par la Petite Bleue tous les jours. Ce n'est qu'à cette condition qu'ils sont efficaces ; la Petite Bleue doit les faire consciencieusement, elle demandera à l'Instructrice de les lui enseigner et observera en les faisant les règles ci-dessous :

Règles générales. — 1° Pour bien se porter et devenir forte quelques mouvements de gymnastique doivent être faits **tous les jours, en plein air** ou à la fenêtre ouverte, et aussi **peu vêtue** que possible. Après la séance se laver vivement à l'eau froide, se frictionner très fort, s'habiller rapidement. Si possible s'exercer devant une glace pour corriger soi-même ses défauts.

2° Les mouvements doivent être **continus,** sans les heurts, la brusquerie, les arrêts nets qui remplacent par une fatigue nerveuse la bonne courbature musculaire. Les mouvements de gymnastique doivent, en effet, être **simples et normaux**, et se rapprocher le plus possible des mouvements

---

naturels qui sont d'autant plus vigoureux et plus sains, qu'ils sont plus continus, plus amples et moins nerveux (mouvement du faucheur, des débardeurs qui se passent des pierres, ou d'hommes jetant des pelletées de terre, mouvement large et cadencé d'une femme qui pompe de l'eau, mouvement du coureur, du nageur, etc...).

3° Pendant tous ces mouvements, **la respiration doit être très régulière et très profonde, et se faire par le nez.**

Le nez est en effet la voie naturelle de la respiration. L'intérieur du nez se comporte comme un bon filtre contre la poussière (grâce aux petits poils qui le garnissent) et comme un excellent appareil de chauffage pour l'air froid (grâce à la fine et chaude membrane qui en tapisse l'intérieur) ; l'inspiration doit donc se faire par le nez.

Il est nécessaire que l'air inspiré ressorte par le nez pour en réchauffer la membrane qui a été refroidie par l'introduction de l'air froid ; l'expiration doit donc se faire par le nez. L'expiration par la bouche, si souvent recommandée, est une mauvaise habitude, nuisible quand il fait froid et humide. Si la respiration par le nez est difficile, il faut se soumettre à la visite du docteur ; le plus souvent cette gêne est due à des végétations qu'on doit se faire enlever, sans attendre, par une opération très simple. La présence des végétations, en gênant la respiration, empêche le développement des enfants.

Exercices respiratoires : Les exercices respiratoires sont les plus importants. **Bien respirer est absolument nécessaire pour bien se porter ; c'est la première chose à apprendre.** Lorsque le sang qui vivifie le corps a circulé dans les muscles et les organes pour aller les nourrir, il devient noir et mauvais. Il va alors dans les poumons et au contact de l'air pur redevient rouge et nourrissant. Aussi, pour avoir un sang riche, et par conséquent une santé robuste et florissante, il faut une bonne respiration.

La respiration c'est la vie.

a) **Il faut respirer de l'air aussi pur que possible :** vivre en plein air, faire une course à pied au sortir du travail, éviter avec soin de rester dans une chambre insuffisamment aérée, ne jamais manquer d'ouvrir les fenêtres du bureau ou de l'atelier aux heures de sortie, travailler les fenêtres ouvertes en été et s'habituer peu à peu à dormir les fenêtres ouvertes en toute saison.

b) **Il faut respirer autant d'air pur que possible :** pour cela, il faut développer la poitrine par des exercices fréquents.

Un excellent exercice à faire chaque matin, est celui-ci : 1) Se tenir droite, dans une pose naturelle et inspirer aussi longuement et aussi profondément que possible, en se dressant sur la pointe des pieds, et en portant la tête doucement en arrière. En même temps élever naturellement les bras de côté et les rejeter horizontalement en arrière doucement et à fond ; 2) Expirer en reprenant peu à peu la position de départ.

Ce mouvement très simple étire les muscles du diaphragme (élévation sur la pointe des pieds) ; soulève le sternum (élévation de la tête) ; écarte les côtes (mouvement des bras et épaules) ; élargit ainsi la cage thoracique sur toutes les dimensions.

2. Capacité respiratoire :

Une des grandes ambitions d'une Eclaireuse doit être d'avoir une grande capacité respiratoire (10 cm au moins). A l'examen d'Aspirante, la Petite Bleue doit avoir au moins 4 cm.

Pour mesurer la capacité respiratoire, prendre un centimètre souple, le glisser sous les aiselles, au-dessus des seins, mesurer le tour de poitrine à la fin de l'expiration et à la fin de l'inspiration. La capacité respiratoire est la différence entre les deux mesures.

Surtout ne fermez pas vos fenêtres la nuit,
L'air ainsi respiré est celui qui vous nuit.

3. Course :

Les Eclaireuses doivent arriver facilement à courir sans arrêts et sans fatigue pendant 10 à 12 minutes. Pour y réussir la **souplesse doit être très grande.** S'exercer à courir d'abord lentement en fléchissant les jambes le plus possible à chaque pas afin d'assouplir toutes les articulations. Respirer par la bouche régulièrement et profondément.

4. Saut :

Le saut est un excellent exercice quand il est bien fait, mais il peut être dangereux quand il est mal fait. Là encore, les principales qualités que doit acquérir une Eclaireuse sont la souplesse et la légèreté. Il faut sauter sur la pointe des pieds, en fléchissant beaucoup les genoux, avec la souplesse d'un ressort. Le corps doit rester vertical, la tête droite. Dans le saut ordinaire, les deux pieds doivent toucher le sol en même temps. (Sauts dangereux : les sauts faits sur les talons, ou les jambes raides, ou tête baissée, ou encore les reins cambrés).

L'Eclaireuse doit savoir sauter en hauteur, en longueur, avec et sans élan et de côté. Le saut de côté se fait ainsi : arriver sur la corde en biais, lever horizontalement le membre inférieur (jambe et cuisse), le plus près de la corde, pour le faire passer par-dessus la corde ; puis faire passer de la même manière l'autre membre. Les pieds retombent l'un après l'autre sur la pointe. Les membres doivent être entièrement tendus.

Livres recommandés : J.-P. Muller : *Mon Système. Mon Système pour les Enfants. Le Livre en plein air. Mon Système pour les Femmes* (édit.: Laffitte et Cie, 90, Avenue des Champs-Elysées). Demeny : *Gymnastique rythmique* (édition des *Annales*) ; Lieutenant J. Hébert : *Ma leçon type d'entraînement* (Vuibert, 63, Bd Saint-Germain) ; Lieutenant Gelly : *Comment j'entretiens ma santé*, avec un plan de leçon journalière pratique pour les Eclaireuses. *Gymnastique rationnelle* (Berger-Levrault, 5, rue des Beaux-Arts, Paris).

Se coucher tôt, se lever tôt, donne santé, richesse et sagesse.

(*Proverbe*).

B. Développement pratique

1. Le Paquet :

Il doit être non seulement solide mais soigneusement fait.

2. Les Nœuds :

Dans un de ses livres, Sir Robert Baden-Powel raconte la terrible histoire suivante :

Un accident au Niagara

Pendant un de mes récents séjour au Canada, un horrible accident se produisit aux chutes du Niagara. C'était en plein hiver. Trois personnes : un homme, sa femme et un jeune homme de dix-sept ans passaient sur un pont que la glace avait formé sur le fleuve, quand, tout à coup la glace craqua et se rompit. L'homme et la femme se trouvèrent sur un glaçon détaché de la masse, le jeune homme sur un autre ; le courant les entraînait doucement.

Tout autour d'eux, l'eau était couverte de morceaux de glace flottante qui se heurtaient et se broyaient l'un l'autre. Cela rendait la nage impossible, et un canot n'aurait pas non plus pu arriver jusqu'à eux, même s'il y en avait eu un de disponible. Ils étaient à la merci du courant qui, pour le moment, les portait doucement, mais qui peu à peu de façon lente mais sûre, les menait en aval, à un kilomètre de là, aux terribles cataractes que vous savez.

Sur la rive les gens voyaient leur situation atroce. Des milliers de personnes étaient réunies là ; aucune ne paraissait capable de faire quelque chose pour eux.

Le courant devait les faire passer sous deux ponts qui enjambent la rivière immédiatement en amont des catarac-

---

Nul ne vit pour soi-même.

tes. Les malheureux dérivèrent pendant une heure avant d'y arriver. Sur ces ponts se tenaient des hommes avec des cordes (le tablier des ponts est à 50 mètres au-dessus de l'eau) qu'ils faisaient pendre sur la route mouvante que suivaient les glaçons.

Le jeune homme y arriva et réussit à saisir une corde ; des mains amies commencèrent à le hisser, mais à peine l'avaient-ils élevé à une certaine hauteur que le malheureux à bout de force lâcha prise. Il tomba dans le fleuve glacé et on ne le revit plus.

Sur l'autre glaçon, l'homme s'empara aussi d'une corde. Il s'efforça de l'attacher autour de sa femme qui s'évanouissait, afin qu'elle au moins fut sauvée, mais le courant devenait plus rapide à cet endroit, et ses mains étaient engourdies, il ne réussit pas à nouer la corde ; elle lui échappa. Quelques secondes plus tard, sa femme et lui trouvaient un terme à leurs angoisses car les cataractes les plongeaient dans le lourd tourbillon de leurs eaux. *Livre des Louveteaux*, par R. Baden-Powell (*Delachaux et Niestlé Neufchâtel*).

J'ai raconté cette histoire à une Aspirante qui m'a dit aussitôt : « Si une personne avait su faire des nœuds solides au bout des cordes, ça ne serait pas arrivé. »

Eh bien ! des Eclaireuses n'auraient pas été embarrassées pour faire ces nœuds et si l'une d'elles s'était trouvée là, elle aurait pu, avec de la présence d'esprit et du courage, sauver la vie à trois personnes.

L'Aspirante doit savoir faire très vite le **flot** et le **flot double** (employé pour les lacets de souliers par exemple) ; elle doit savoir tresser un ruban avec une natte de cheveux pour faire à celle-ci un flot qui tienne.

Elle doit savoir aussi très bien faire les nœuds suivants (*voir fig. page 28*) :

1. **Nœud coulant** (fig. 8) : s'habituer à le faire instantanément sans se servir des bouts.

Dans bien des cas, savoir c'est pouvoir.

(Proverbe).

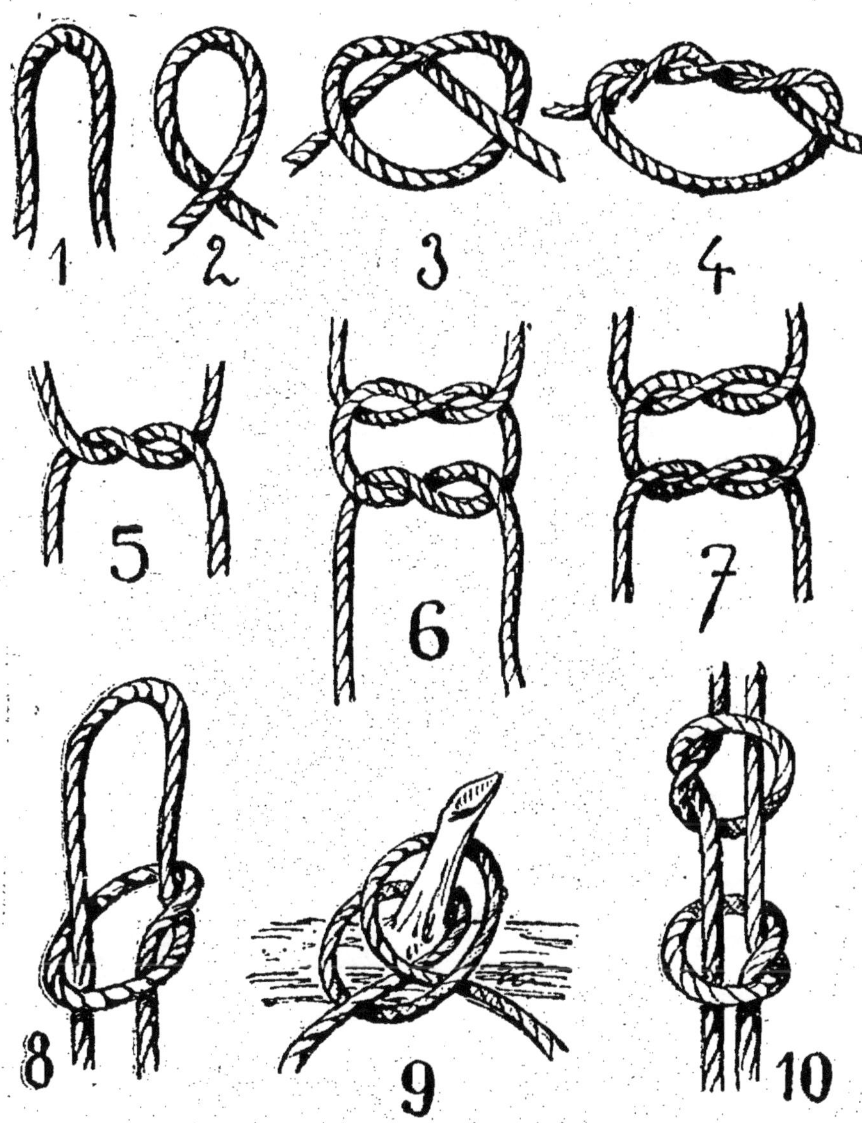

NŒUDS DE L'ÉCLAIREUR ASPIRANT

1, ganse. — 2, boucle. — 3, nœud simple. — 4, nœud simple doublé.
— 5, simple clef. — 6, nœud plat. — 7, nœud de vache. —
8, nœud coulant. — 9, nœud de batelier. — 10, nœud de pêcheur.

Les longs propos font les jours courts.

2. **Le nœud plat** (fig. 6) : doit se faire rapidement avec deux bouts de corde. Les brins doivent entrer et sortir du même côté, car autrement on obtient « un nœud de vache » qui ne tient pas (fig. 7).

3. **Nœud de batelier** (fig. 9) : s'habituer à le faire en deux temps. Une boucle dans un sens et une boucle dans l'autre, qu'on enfile successivement sur le piquet ou le poteau destiné à l'amarrage.

3. **Nœud de pêcheur** (fig. 10) ne glisse pas et peut se mouiller sans se desserrer. Sert à nouer 2 cordes de grosseurs différentes.

4. **Nœud de filet ou de tisserand** (employé dans la broderie dite « le filet » parce qu'on peut en couper les brins très ras). Sert à attacher une corde à une boucle. Faire une boucle à la corde, le bout libre étant croisé (fig. 11 *a*), passer, d'avant en arrière, la première boucle à l'intérieur de la boucle à bouts croisés ; passer le bout croisé et libre à l'intérieur de la première boucle (fig. 11 *b*).

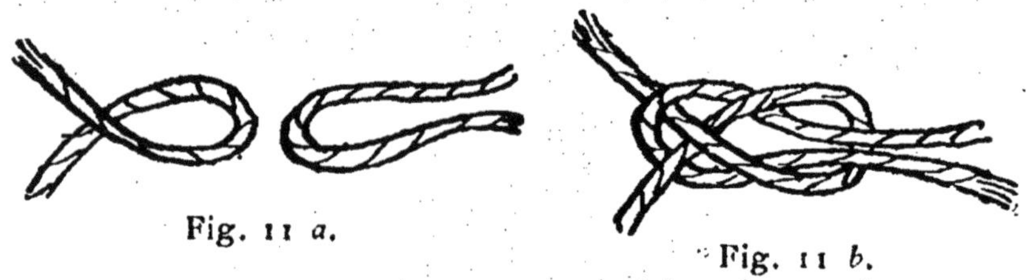

Fig. 11 *a.* Fig. 11 *b.*

5. **Nœud de chaise** (fig. 12) : Faire un nœud coulant très lâche (sur la main droite) et introduire le bout qui doit

---

L'Ignorance de quelques-uns est une entrave pour tous.

former la chaise dans la boucle coulante (fig. 12 *a*) et serrer le nœud coulant à fond, de façon à laisser pénétrer le bout dans le nœud lui-même (fig. 12 *b*). Ce nœud est très solide, employé par les Alpinistes et les pompiers pour s'encorder.

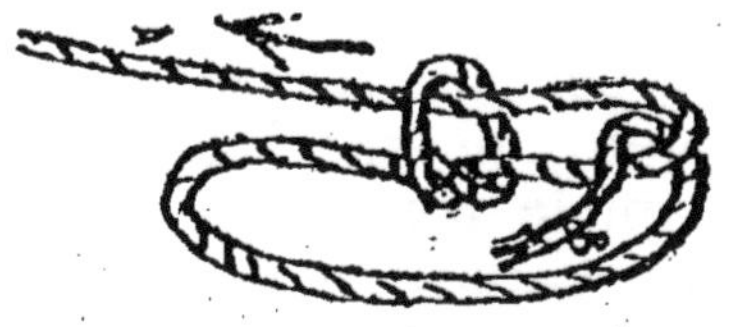

Fig. 12 *a.*   Fig. 12 *b.*

3. Faire une couture rabattue.

4. Observation :

L'inventaire. — *Après avoir vu, pendant 1 minute, 25 objets différents disposés sur un plateau, faire de mémoire la liste de 16 au moins d'entre eux.*

Si l'Aspirante fait une liste de moins de 16 objets, elle ne peut être reçue.

L'éducation de l'observation est en effet très importante et il faut se préparer très soigneusement à subir cette épreuve.

Commencer avec un petit nombre d'objets ; puis augmenter ce nombre.

Observer les 25 objets avec sang-froid et méthodiquement.

S'habituer à photographier dans sa mémoire un des coins de la table qui supporte les objets, peu à peu cette photographie sera plus fidèle dans les détails et plus étendue, et finira par embrasser les 25 objets et en conserver fidèlement 16 au moins.

Notre conscience c'est la boussole qui nous conduit dans la vie. Veillons sur elle pour que rien ne la fausse !

Faire spécialement attention aux objets qui frappent le moins. Une grande boîte rouge se photographiera d'elle-même dans votre mémoire. Au contraire vous ne vous souviendrez pas si facilement d'un dé ou d'un bout de crayon ; un verre à boire est un objet que l'on retient difficilement, probablement à cause de sa couleur imprécise et sa transparence.

Pour que l'épreuve de l'Inventaire soit intéressante il faut bien choisir les 25 objets. L'épreuve ne signifie pas grand' chose quand la Cheftaine emploie les objets qui sont habituellement dans la poche d'une Eclaireuse ou ceux qu'elle accroche à sa ceinture ou dont elle se sert pour manger. La Petite Bleue en se souvenant de la ceinture se rappellera tout naturellement le sifflet, le couteau et la ficelle ; l'asiette lui rappellera le quart, le couvert, le sac à pain, etc... L'épreuve est plus probante quand les objets sont très différents, ou bien au contraire très semblables ; (bouquets de fleurs ; collection de coquillages). Dans ce dernier cas l'exercice est un peu plus « fort ». (Epreuve imposée à Kim dans le livre de « Kim » de Rudyard Kippling).

Savoir observer est une des choses les plus utiles qui soient.

Importance de l'observation

C'est en observant que l'on s'instruit. — Une petite fille qui ne sait pas observer ne retient rien. Comme elle ne réfléchit pas à ce qu'elle voit, rien ne l'intéresse.

C'est en observant que tous les savants commencent leurs découvertes. C'est en observant les astres qu'ils ont découvert que la terre tourne, et qu'ils ont compris les grandes lois de l'univers. C'est en observant qu'ils ont découvert le baromètre, l'électricité, le paratonnerre.

Un jour, Papin observait une marmite qui était sur le feu. La soupe qu'elle contenait bouillait et la vapeur s'échappait en soulevant le couvercle. Papin mit un gros poids sur ce dernier mais la vapeur souleva avec force couvercle

---

Un cerveau vide est l'atelier du démon.

(Proverbe).

et poids. Cela prouvait que la force de la vapeur enfermée dans un récipient est très grande. Papin le dit à d'autres hommes qui employèrent alors la vapeur pour faire marcher toutes sortes de machines, des usines entières, les immenses bateaux qui sont comme des villes flottantes, les locomotives des trains, etc.

Ainsi quand tu verras un train passer à toute vapeur et à grand bruit, avec sa lourde locomotive, ses énormes roues, tous ses wagons et leurs voyageurs, tu penseras à Papin et à sa marmite et tu te rappelleras combien il est important de savoir observer.

Une Eclaireuse doit être très observatrice ; c'est une qualité spéciale aux Eclaireuses et on ne saurait trop y insister.

Voici des hirondelles rassemblées en longues files sur les rebords des toits. Pourquoi ?

La machine à coudre ne marche plus. Pourquoi ?

Quel temps fera-t-il aujourd'hui ?

Une Eclaireuse observatrice peut répondre à toutes ces questions car c'est une vraie Sorcière.

Les mystérieux Devins et les Sorcières dont on parle dans les histoires du temps jadis, étaient tout simplement des gens très observateurs qui savaient lire dans le Grand Livre de Dieu ; ils savaient **observer** la nature et les hommes, c'est-à-dire **remarquer** les moindres « signes » et en **comprendre** le sens. Grâce à cette science ils devinaient des choses que les autres personnes ne soupçonnaient pas et c'est pourquoi ils étaient respectés et craints.

Une Eclaireuse doit, comme eux, savoir lire dans le Grand Livre que Dieu étale sans cesse devant ses yeux.

Ouvre un de tes livres de classe. Tu y voit des signes noirs qui sont des lettres ; ces lettres forment des mots, et ces mots forment à leur tour des phrases. Toi, tu comprends très bien le sens de ces mots et de ces phrases, mais si tu montrais ton livre à un sauvage il n'y comprendrait

---

Qui sait voir, sait prévoir.

rien du tout parce qu'il n'a pas appris à lire ces signes. Eh bien, le Grand Livre de la nature que tu as sans cesse devant les yeux est comme ton livre de classe. Devant lui, tu es comme le sauvage, tu n'y comprends rien du tout ; mais ceux qui ont appris à y lire remarquent toutes sortes de « signes » bien intéressants ; ils les assemblent, en comprennent le sens (aussi vite que tu comprends le sens des phrases) et savent, grâce à cela, bien des choses que tu ignores.

Ecoute plutôt :

L'autre jour, dans une grande sortie, nous avons rencontré les cendres d'un feu à la lisière d'un bois. L'une d'entre nous, qui sait très bien lire dans le Grand Livre nous dit : « Ceci n'est pas un feu d'Eclaireuses ni d'Eclaireurs ; en effet, il est grand, ceux qui l'ont allumé ont oublié d'en enterrer les cendres et surtout ont laissé traîner des papiers sales et des écorces d'oranges. Or, les Eclaireurs et les Eclaireuses font des feux petits et en effacent avec soin les traces ». Elle dit encore : « Ce feu a été fait il y a plus de 4 jours. Les signes suivants me le font penser : la légère cendre blanche du feu est partie et pourtant il n'a pas fait de vent ces jours-ci ; mais il a plu il y a 4 jours, c'est peut-être la pluie qui a enlevé la cendre blanche. En effet, je vois que la cendre noire a coulé dans l'herbe comme si elle suivait de petits ruisseaux d'eau. Ce feu a donc été fait sûrement avant qu'il ne pleuve, c'est-à-dire il y a plus de 4 jours ».

Comprends-tu maintenant comment on peut lire dans le Grand Livre ?

Une Eclaireuse qui sait lire dans le Grand Livre n'est jamais une ignorante ; elle ne s'ennuie jamais car elle apprend sans cesse des tas de choses intéressantes. Elle sait retrouver son chemin dans un pays inconnu sans le secours de personne ; elle apprend à deviner les pensées des gens, s'ils sont heureux ou malheureux, s'ils ont besoin de secours, s'ils sont malades. Elle évite souvent de se tromper, de dire ou de faire des bêtises.

La moqueuse n'a pas d'amies dévouées.

La Mystérieuse Sorcière aux Yeux d'Or

J'ai pour amie une vieille Eclaireuse très observatrice que tout le monde appelle « La Sorcière aux Yeux d'Or ». Un jour elle voulut étonner une Petite Bleue qui se croyait très instruite et très maligne. Elle l'emmena avec elle à travers des rues inconnues

Les deux jeunes filles rencontrèrent un ouvrier. « Il est intelligent, dit la Sorcière ; il est aussi marié et sa femme est travailleuse et propre. »

« — Comment le savez vous ? » questionna la Petite Bleue étonnée.

« — Observez son visage, il a les yeux vifs et le front haut ; observez son profil : si vous tirez une ligne droite (par la pensée cela va sans dire), du sourcil au milieu de la narine et une autre du milieu de la narine au trou de l'oreille vous obtenez presque un angle droit. J'ai observé que c'est un signe certain d'intelligence. Je vois une alliance au quatrième doigt de sa main gauche, ce qui prouve qu'il est marié. Ses vêtements bien tenus et la belle reprise que je vois à sa veste me font penser que sa femme est propre et travailleuse. »

Plus loin elles rencontrèrent une jeune fille habillée de beaux vêtements.

« Cette jeune fille, dit la Sorcière aux Yeux d'Or, est coquette et vaniteuse ; elle veut faire du « chic », mais elle a mauvais goût et n'est pas distinguée. Elle est malpropre et peu soigneuse ; elle est mal élevée.

« Je le vois en l'observant pendant une minute : elle est coquette car elle a de nombreux bijoux, elle s'est parfumée et a mis de la poudre ; on dirait qu'elle s'est fourré la tête dans un sac de farine tant elle en a mis ! Ses quatre grosses bagues et ses brillants dans les cheveux attirent le regard ; tout cela est de bien mauvais goût. Elle est malpropre et peu soigneuse : en effet ses mains sont sales, elle a un trou à ses bas et tout à l'heure, quand sa robe s'est

---

relevée, j'ai vu passer un bout de dentelle déchirée et malpropre. Elle est mal élevée car elle rit et parle fort et vient de bousculer une dame. »

A ce moment, un petit gamin se campa devant la Sorcière aux Yeux d'Or pour admirer son uniforme. Mon amie l'observa un moment puis s'écria :

« Moi, la mystérieuse Sorcière aux Yeux d'Or, je dis : « Il faudrait amener cet enfant au médecin et l'opérer. »

La Petite Bleue, qui se croyait très instruite et très maligne répondit : « Vous dites des bêtises, cet enfant a l'air très bien portant. » La Sorcière reprit avec calme : « Cet enfant est petit pour son âge, sa lèvre inférieure est grosse et tombante, sa machoire inférieure avance un peu, il respire par la bouche. Ces signes indiquent presque sûrement qu'il a des végétations, c'est-à-dire des petits champignons de chair au fond de la gorge et du nez ; cela l'empêche de respirer et de se développer. Il faut l'opérer ; dans deux jours il sera guéri. »

La Petite Bleue qui n'était pas bête et avait déjà l'esprit éclaireur remarqua d'un air grave :

« Il faut que vous m'appreniez à observer aussi bien que vous, Sorcière aux Yeux d'Or, cela me sera bien utile lorsque j'aurai des enfants. »

« Je vous apprendrai à observer autant que je le pourrai, répondit la Sorcière, c'est si amusant. Et maintenant rentrons, conduisez-moi, voulez-vous ? — Je ne peux pas, je ne connais pas ce quartier. — Moi non plus je ne le connais pas du tout. »

Cette réponse effraya beaucoup la Petite Bleue. « Nous sommes perdues », s'écria-t-elle.

L'Eclaireuse se mit à rire de cette frayeur, puis, sans rien demander à personne, elle ramena tout tranquillement chez elle la Petite Bleue qui n'y comprenait rien. Ce n'était pourtant pas bien difficile : en allant, mon amie avait remarqué une grande boucherie, puis une porte cochère rouge, puis la mairie, l'entrée d'une forge, une place et

---

L'Ignorance des jeunes filles a les conséquences les plus funestes.

(Fénelon).

enfin un bureau de poste. Grâce à ces points de repère il lui fut bien facile de retrouver son chemin pour revenir. (Voilà encore une chose qu'on ne peut pas faire quand on ne sait pas observer !)

Arrivées à la maison, les deux jeunes filles entrèrent dans la salle à manger. Pendant leur absence une tasse de lait, posée sur la table, avait été renversée et le lait s'était répandu jusqu'à par terre. « C'est certainement mon petit frère qui a fait cela puisqu'il était seul à la maison pendant mon absence », pensa la Petite Bleue ; et, furieuse (elle n'avait pas bien réfléchi au troisième commandement), elle alla le chercher et le gronda sévèrement. Le petit frère protesta de son innocence, mais la Petite Bleue tout à fait en colère, le bouscula et finit par l'appeler petit menteur, ce qu'une Eclaireuse n'aurait jamais fait.

Elle se précipita ensuite pour essuyer le lait. Mais la Sorcière aux Yeux d'Or l'arrêta avec calme (car elle aime beaucoup le troisième commandement, mon amie) et dit : « Vous n'êtes vraiment pas digne de devenir Eclaireuse. » Cela mortifia beaucoup la Petite Bleue comme bien vous pensez. Afin de prouver le contraire elle domina sa colère, demeura un instant silencieuse pour avoir le temps de reprendre son sang-froid, puis elle demanda : « Pourquoi m'empêchez-vous d'essuyer ce lait ? — Parce que je voudrais que vous l'observiez un peu avec moi.

— Pourquoi faire ? — Pour savoir qui l'a renversé.

— Mais c'est mon frère, personne d'autre n'est entré ici. — Non, ce n'est pas votre frère.

— ! ? (Cela signifie que la Petite Bleue ne savait que dire et avait un air à la fois étonné et interrogatif.)

La Mystérieuse Sorcière expliqua alors : « Votre frère est trop petit pour atteindre la tasse.

— La belle raison, il a pris une chaise.

— Il n'y en a pas près de la table.

— Il l'a éloignée pour tromper les gens.

— Voilà une grave accusation : prouvez-la.

— ! ?

Pour bien juger, savoir bien observer.

— Regardez le lait, il n'y en a presque plus sur la table, il semble qu'une personne ait déjà voulu l'essuyer. »

A ces mots, la Petite Bleue jeta autour d'elle un regard effrayé, pensant que quelqu'un s'était introduit dans la pièce en son absence et malgré les portes fermées. Elle appela bien vite son frère pour lui demander s'il n'avait entendu personne. Le petit, tout effaré, répondit que « non », la Petite Bleue ne savait que penser.

« Eh bien, dit la Mystérieuse Sorcière qui souriait malignement, je n'étais pas présente, mais je sais pourtant que quelqu'un est entré ici pendant notre absence, malgré les portes fermées.

— Comment pouvez-vous savoir cela, s'écria la Petite leue de plus en plus effrayée.

— Ne suis-je pas une vieille Eclaireuse très observatrice, et mon nom n'est-il pas la Sorcière aux Yeux d'Or ? répondit l'Eclaireuse en souriant avec fierté. Aussi je déclare que celui qui a renversé la tasse de lait est un chat roux au ventre blanc ; il est entré par la fenêtre, a sauté sur cette table à ouvrage, puis sur la grande table où il a renversé la tasse et bu un peu de lait.

— C'est Bob, le chat de la concierge, s'écria la Petite Bleue émerveillée. Comment pouvez-vous savoir tous ces détails ?

— Comme vous êtes une Petite Bleue je veux bien vous confier mon secret de Sorcière », dit mon amie. Et se penchant mystérieusement elle murmura à l'oreille de la Petite Bleue un seul mot : **« Observer »**. C'était là tout son secret.

Puis elle s'approcha de la table à ouvrage et fit observer à la P. B. les choses suivantes : « Le petit tapis a été déplacé ; maître Bob a dû faire cela en sautant de la fenêtre. Observez ce paquet de bas que votre mère était en train de raccommoder ; j'y vois des poils roux et deux longs poils blancs et j'y vois même encore une marque semblable à celle d'un doigt enfoncé là. C'est l'empreinte d'une patte

Patience et longueur de temps font plus que force ni que rage.

(La Fontaine).

de maître Bob qui s'est arrêté sur ces bas quelque temps avant de sauter sur la grande table près de la tasse de lait. Grâce à d'autres signes, je sais aussi que Bob est entré dans la chambre un quart d'heure seulement après notre départ, mais ce serait plus difficile à vous expliquer. »

Elle dit ensuite : « Si vous saviez observer vous auriez évité trois choses mauvaises :

1° Vous tromper ;

2° Etre injuste et méchante envers votre frère ;

3° Vous mettre sottement en colère.

— Tout ce que vous pourrez dire n'empêchera pas que cette tasse ne soit renversée et ce lait perdu, bougonna la Petite Bleue très mortifiée.

— Non, répliqua patiemment l'Eclaireuse, mais votre colère n'y changera rien non plus. »

Maintenant je suis sûre que tu comprends parfaitement combien il est amusant et utile de savoir observer. Avec quelques efforts tu arriveras à être aussi habile que la Sorcière aux Yeux d'Or. En effet, beaucoup de bonnes Eclaireuses sont comme elles : Tulipe Noire, Patte de Lièvre et Fleur de Thé que tu connais lisent déjà dans le Grand Livre. Pour y arriver à ton tour réfléchis à tout ce que tu viens de lire ; tu verras qu'observer consiste en trois choses :

1° **Regarder** autour de soi attentivement ;

2° **Remarquer** les signes, c'est-à-dire les détails intéressants ;

3° **Réfléchir**, c'est-à-dire essayer de comprendre le sens de ces signes, ce qu'ils veulent dire.

C'est exactement les trois choses que tu fais lorsque tu ouvres un livre ; tu regardes les signes noirs qui y sont imprimés, tu remarques chaque lettre, chaque signe : les apostrophes, les accents, les virgules, les points ; puis tu cherches le sens de tous ces petits signes. Tu ne t'aperçois

---

Observation évite erreur.

même plus que tu fais ces trois effors parce que tu les fais très vite grâce à l'habitude. Ainsi lorsque tu auras l'habitude de lire dans le Grand Livre, tu le feras très vite sans même t'en apercevoir.

L'histoire de mon amie, la Mystérieuse Sorcière aux Yeux d'Or, contient encore un autre enseignement, celui-ci (retiens-le bien !) : **Une Eclaireuse ne sera jamais une bonne observatrice si elle n'obéit pas parfaitement au troisième commandement.**

Pour observer il faut beaucoup de calme et de sang-froid — on peut dire aussi : pour apprendre le calme et le sang-froid il faut beaucoup observer.

Jeux : Il y a une quantité de jeux très amusants qui développent les qualités d'observation.

En voici deux :

1° Une patrouille parcourt 1/2 km. environ en disposant sur son passage des « signes secrets » (voir page 8), des bouts de papier ou tout autre objet. Une autre patrouille part 1/4 d'heure plus tard et suit la piste. Faire un parcours accidenté mais court.

2° La Cheftaine ou le Chef de patrouille sort du local, fait un petit tour et revient après avoir noté une dizaine de choses sur son passage : boutiques, fleurs, porte cochère, etc... Elle donne cette liste à chaque Eclaireuse et l'envoie faire le même petit tour. L'Eclaireuse qui revient le plus vite après avoir vu le plus grand nombre des objets de la liste a gagné.

Voir d'autres jeux dans notre brochure « Jeux et exerci-ces » (0 fr. 25).

(Tiens-toi droite).

Arriver è se vaincre c'est la plus noble des victoires.

C. Développement intellectuel et artistique

1. Formation et symbole du drapeau Français :

Le Drapeau Français est formé du drapeau royal blanc placé entre les couleurs rouge et bleue de la bannière de Paris.

a) *Drapeau royal :*

Autrefois les Français n'avaient **pas de Drapeau national.** Mais les rois et les seigneurs avaient chacun leur bannière autour de laquelle se groupaient leurs vassaux (sujets) en temps de guerre. Les Abbayes, les Eglises, et certaines Villes avaient le même privilège. De toutes ces bannières celle du roi de France était la plus respectée car elle était formée par la chape de saint Martin, relique destinée à protéger le roi.

Un peu plus tard la chape de saint Martin fut remplacée par la bannière de l'Abbaye de Saint-Denis que possédaient les rois de France : elle avait aussi, croyait-on, un pouvoir surnaturel *(figure 1-1)*.

A partir de Louis VII (1137) et jusque sous Henri IV (1590) la bannière royale est **bleue semée de fleurs de lys d'or** *(fig. 1-2)*.

Sous Henri IV l'insigne du commandement était la **couleur blanche** (panache de Henri IV, écharpe du duc de Guise). Chaque régiment avait son drapeau particulier, mais les colonels avaient de plus un fanion blanc qui jouissait d'un grand prestige parce qu'il était confié à une compagnie d'élite : « La Colonelle ».

Sous Louis XIII (1638), le roi fut considéré comme le colonel général des troupes et le **drapeau blanc devint le drapeau royal** et remplaça le drapeau bleu fleurdelisé. Les rois y mirent leurs armes particulières (Louis XIV y mit un soleil) et un semis de fleurs de lys. Le drapeau blanc que tous les régiments portaient les unissaient dans une pensée commune ; **cependant ce n'était pas encore un drapeau national.**

Fig. 1

Le drapeau français à travers les âges

1. Bannière rouge de saint Denis (le saint tient sa tête dans le bras).
2. Bannière royale bleue, fleurdelysée. 3. Drapeau sous la Révolution.
4. Drapeau sous l'empire. 5 et 6. Drapeau actuel (verso et recto).

b) *La bannière de Paris :*

A la bataille de Poitiers (1356), le roi de France Jean le Bon fut fait prisonnier par les Anglais qui envahirent le pays. Etienne Marcel, alors prévôt des marchands à Paris, prit le gouvernement de la ville pendant la captivité du roi et l'organisa militairement. Cette armée parisienne adopta une bannière bleue et rouge ; depuis ce temps ces couleurs sont celles de la ville de Paris.

c) *Drapeau tricolore :*

Le 11 juillet 1789, dans un discours qu'il fit au Palais Royal, Camille Desmoulins invita le peuple à arborer un **Drapeau National**. Il détacha une feuille d'arbre, la mit à son chapeau et tous en firent autant. Le vert fut ainsi choisi comme couleur nationale. Mais le lendemain on s'aperçut que le vert était la couleur du régiment royal des Cadets ; à sa place on arbora alors les couleurs de Paris.

Le 17 juillet (après la prise de la Bastille), le roi se rendit à l'Hôtel-de-Ville où il fut reçu par Bailly, le premier maire de Paris ; Bailly présenta au roi la cocarde bleue et rouge. Louis XVI l'épingla sur sa cocarde blanche aux acclamations de la foule. **« Prenez-la, Sire, dit La Fayette, elle fera le tour du monde. »** Puis il la présenta à la Garde Nationale qui l'adopta. C'est ainsi que fut formé le Drapeau Français.

Pendant la révolution les drapeaux des armées de la République se composaient d'un fond blanc sur lequel le bleu et le rouge étaient disposés librement en croix, bandes, carrés, losanges, *(fig. 1-3)* etc. ; tous portaient le faisceau et le bonnet Phrygien. *(fig. 1-3)*.

L'amour de tous ses enfants fait la prospérité d'une Patrie.

Après la révolution Napoléon supprima ces emblèmes et mit à la hampe l'aigle impérial. *(fig. 1-4 et fig. 2-b)*

Fig. 2

Hampes du Drapeau Français à différentes époques

a Sous la royauté. *b* Sous l'Empire. *c* Sous Louis-Philippe. *d* Depuis 1871.

En 1814 (année de la chute de Napoléon), un décret fixa l'ordre actuel des couleurs.

En 1871 (après la guerre avec l'Allemagne), les troupes reçurent le Drapeau de laine avec lance en bronze, l'aigle fut remplacé par une pointe de pique *(fig. 2-d)*.

Le 14 juillet 1880, tous les régiments reçurent solennellement le Drapeau en soie à franges d'or.

Sur une face on lit :

RÉPUBLIQUE FRANÇAISE
HONNEUR ET PATRIE

Sur l'autre le numéro du régiment et le nom des quatre principales batailles dans lesquelles il s'est illustré *(fig. 1-5 et 6)*.

Le Drapeau, c'est l'emblème sacré de la Patrie. Toute l'histoire de la France s'abrite sous ses plis, avec ses joies et ses souffrances, ses gloires et ses sacrifices. Il a marché devant nos troupes dans la Grande Guerre ; c'est pour lui,

---

Tout homme a deux patries : la sienne et puis la France.

(H. de Bornier).

pour la chère Patrie qu'il représente, que tant d'hommes sont morts, que tant de Français et de Françaises ont souffert et souffrent encore.

Une fois de plus il a fait « le tour du monde ». Dans le monde entier les nôtres l'ont fait connaître, aimer et respecter.

« Des nations entières l'ont béni avec transport, des foules de toute race, des femmes et des enfants par milliers ont baisé ses plis. Notre Drapeau n'a pas été au cours de cette guerre l'emblème de la France seulement, mais aussi le symbole de toutes les espérances des hommes. Dans cette lutte gigantesque la cocarde tricolore a brillé sur toutes les ailes des aviations alliées, et notre *Marseillaise* a été chantée avec enthousiasme en Pologne, en Autriche, en Roumanie, en Bohême, partout où les hommes ont combattu et souffert pour la Justice et le Droit. »

A nous maintenant de le tenir très haut dans la paix ce Drapeau qui a flotté si haut pendant la guerre. Tous les hommes de notre Patrie, nos pères et nos frères bien-aimés ont combattu, souffert, donné leur vie pour qu'il **soit** victorieux, maintenant il faut que toutes les femmes sachent lutter, souffrir et se sacrifier pour qu'il **reste** victorieux et béni.

(As-tu fait la B. A. aujourd'hui ?)

2. Symbole et Importance du salut :

Le salut est le symbole du serment de l'Eclaireuse, le signe de reconnaissance des Eclaireurs et des Eclaireuses du monde entier, des Jeunes qui, en toutes les langues, prêtent le serment de Servir, Aider et Obéir.

Le salut n'est pas un simple geste s'ajoutant inutilement aux marques habituelles de politesse, il a une plus grande signification.

Il dit : « Loyauté, Fidélité : je suis une Eclaireuse, je me souviens du serment et j'y suis fidèle, vous pouvez compter sur moi. »

Malgré la paix signée, « la France est en danger » encore. Aux armes !

Il dit encore : « Celle que je salue est une Eclaireuse, c'est-à-dire une sœur qui travaille et lutte pour le même idéal que moi : « Fraternité, Sympathie ».

Lorsqu'il s'adresse à une Cheftaine ou à un supérieur il dit : « Respect, Confiance. »

Le salut est donc une sorte de langage secret, une façon d'exprimer beaucoup de choses sans paroles.

C'est pourquoi une Eclaireuse doit saluer toujours correctement et éviter à tout prix de faire cet acte avec indifférence, nonchalance ou mauvaise grâce ; elle ne doit jamais oublier de saluer sa Cheftaine quand elle la rencontre ou la quitte.

(Tiens-toi droite).

3. Chant simple :

Quelques conseils : Pour bien chanter il faut :

Ne jamais crier ; soutenir les notes toute la durée de leur valeur ; observer les silences ; bien articuler les mots ; marquer les nuances.

La meilleure position est celle-ci : se tenir droite, bomber la poitrine, respirer profondément ; baisser un peu la tête pour donner les notes hautes plus facilement.

Les Eclaireuses doivent chanter tous leurs chants à 2 voix. Ce n'est pas très difficile, c'est une affaire d'habitude et d'éducation et c'est plus amusant et surtout bien plus joli.

Chaque Eclaireuse doit faire à tour de rôle la 1re et la seconde voix. En effet une voix qui apprend seulement à chanter des notes hautes est toujours gringalette et fragile ; chanter aussi les notes basses lui donne plus d'ampleur et de sûreté, la « pose ». De plus, pour pouvoir chanter juste à 2 voix, sans accompagnement (ce qui est la façon de chanter des Eclaireuses), il est bon que chaque Eclaireuse connaisse les deux parties.

Ne jamais monter trop haut.

Ne pas chanter pendant les quelques mois où la voix mue (entre 13 et 17 ans environ).

Nous devons cultiver tous nos dons pour devenir meilleurs et plus utiles.

D. Développement moral et spirituel

La Loi : *(Voir aussi page 16)*

Nous voici arrivées maintenant à la partie la plus importante de la préparation d'une Eclaireuse.

J'ai placé l'étude de la Loi à la fin de l'examen mais, en réalité, une P. B. doit commencer cette étude dès qu'elle a reçu son flot bleu.

A ce moment elle sait la Loi par cœur, mais pour bien la comprendre et ne plus l'oublier il faut qu'elle recommence à l'apprendre commandement par commandement.

Fais-toi expliquer chaque dimanche un ou deux commandements et mets-les tout spécialement en pratique pendant la semaine suivante. Ton carnet de B. A. (voir page 59) t'aidera.

Les 10 paragraphes suivants contiennent des anecdotes vraies et des exemples que tu pourras méditer avec profit je l'espère et qui t'aideront non seulement à retenir ta Loi mais encore à la mieux comprendre et surtout à la mettre en pratique.

I. *Loyauté*

La Cheftaine sait qu'elle peut avoir en ses Eclaireuses une entière confiance. Si l'une d'elles accepte une mission la Cheftaine est sûre que cette mission sera accomplie. A l'école, quand il y a un devoir à faire, la maîtresse est là qui surveille. A la Section, c'est autre chose. La Cheftaine trouve indigne de ses Eclaireuses de les surveiller, chacune se met dans son coin pour ne pas être tenté et personne ne copie.

Tu peux refuser parfois de répondre à une question que l'on te pose. Mais si tu réponds, dis la vérité.

On reconnaît une véritable Eclaireuse à ceci surtout : **tout le monde peut croire à sa parole.**

Etre loyale est le premier commandement de la Loi

Vivre dans la pureté, dire la vérité, redresser les torts, suivre le chef.

(Code d'honneur de l'Eclaireur Isolé).

car la loyauté est la première des qualités qu'une Eclaireuse doit posséder.

Je connais une fillette qui n'avait pas compris cela. Elle mentit à sa Cheftaine. Celle-ci l'apprit, fit venir immédiatement l'Eclaireuse, lui enleva sans un mot son chapeau et ses insignes et, la poussant dehors, lui dit : « Va-t-en chez toi. Une jeune fille qui ment n'est pas une Eclaireuse, elle n'a rien à faire à la Section. Tu reviendras quand tu seras décidée à me dire toujours la vérité. »

Il arrive souvent que la langue parle trop vite et fasse mentir. Tourne-la plusieurs fois dans ta bouche avant de répondre.

Une Eclaireuse d'une Section amie de la mienne répondit un jour à sa Cheftaine sans réfléchir et lui dit un mensonge. Cela la tracassa pendant toute l'après-midi. Au moment de partir elle alla résolument vers la Cheftaine et lui dit : « Chef, je vous ai menti tout à l'heure. »

II. *Discipline*

As-tu regardé voler les Mouches ? En voici une sur ton livre ; elle s'envole, se pose sur ton nez, bourdonne à tes oreilles, se pose et s'envole encore où bon lui semble et sans se soucier de l'ennui qu'elle cause. Elle ne sert à rien et agace tout le monde. Demain elle se noiera dans une tasse de lait.

As-tu regardé travailler les Abeilles ? Voici leur ruche. Les unes en sortent pour aller butiner les fleurs, les autres y rentrent les pattes jaunes de pollen.

A l'intérieur de la ruche quelques Abeilles, tout en haut, volent avec frénésie pour aérer la maison, d'autres soignent les larves, leurs bébés ; d'autres, pendues par les pattes au plafond, immobiles pendant des heures, fabriquent la cire. Elles aimeraient peut-être mieux aller butiner au grand air. Mais si toutes y allaient qu'arriverait-il ?

Tout droit. *(Devise des Eclaireurs de France).*

Pour la prospérité de la ruche, les Abeilles se partagent la tâche et chacune accepte la sienne et l'accomplit consciencieusement quelle qu'elle soit.

Grâce à cette merveilleuse discipline les Abeilles font beaucoup de travail en peu de temps.

C'est ce qui arrive dans les bonnes sections d'Eclaireuses.

La Section est une ruche et chaque Eclaireuse une Abeille. La Cheftaine distribue la tâche, donne des ordres. Les Eclaireuses doivent obéir immédiatement et consciencieusement à ces ordres, sans cela tout le travail devient compliqué et ennuyeux à faire.

Etre indisciplinée c'est non seulement impoli et malhonnête vis-à-vis de la Cheftaine, c'est aussi une faute envers la Section toute entière qui pâtit de cette indiscipline.

Une Mouche n'a rien à faire dans une ruche ni une fillette indisciplinée dans une Section, car l'indiscipline dit : « Je ne me soucie que de moi », tandis que la Discipline et la Solidarité (deux choses très semblables) disent : **« Une pour toutes, toutes pour une »**.

C'est la devise des Abeilles et des Eclaireuses.

III. *Calme*

Les Anes sont des animaux courageux et calmes qui ont donné des exemples d'héroïsme pendant la grande guerre.

Le ravitaillement des premières lignes était souvent confié à des bourriquots venus d'Algérie.

A Verdun, une caravane de ces Anons guidés par quelques hommes partit un jour vers une position bombardée, le fort de Douaumont. Les « marmites » pleuvaient, tuant un ânon de-ci, de-là. Calmes et courageux, les survivants serraient les rangs. Quand ils arrivèrent au fort, les poilus, exténués, heureux d'avoir enfin leur « singe » et leur « pinard » s'aperçurent que tous les hommes de la caravane avaient été tués. Les Anons étaient venus seuls !

C'est du travail en commun que naît la vraie Fraternité.

Quand tu auras peur souviens-toi des Anes de Verdun qui par leur calme sauvèrent la vie des poilus mourant de faim et aidèrent ainsi à gagner la Victoire.

Une jeune fille, dont on m'a parlé, tomba un jour sur les rails d'un train qui entrait en gare. Des clameurs s'élevèrent, des gens affolés tendirent leurs mains pour essayer de hisser la jeune fille sur le trottoir. Gestes et cris inutiles : la locomotive arrive à toute vitesse !... Calme et rapide la jeune fille se couche tout de son long entre les rails et le train passe sans lui faire aucun mal.

IV. *Energie*

Fable : Deux grenouilles tombèrent un jour dans une jatte de lait et s'aperçurent trop tard que ce n'était pas de l'eau. Elles se mirent à nager, mais ne parvinrent pas à se tirer de là. L'une d'elles, sans courage, se lassa vite, s'arrêta de nager, coula au fond et se noya.

L'autre, **énergique** et **tenace**, voulant faire **tout ce qui était en son pouvoir** pour se sauver, continua à battre le lait de ses pattes et, tout à coup, elle se trouva assise... sur une motte de beurre ! Ceci n'est qu'une fable, mais souviens-t'en aux heures difficiles (*d'après The Official Handbook for girl guides*).

V. *Bonté*

A la section, Lucie a dit l'autre jour du mal de Jeanne à Henriette ; Henriette l'a raconté à Jeanne et Jeanne est très fâchée. « Je ne me laisserai pas faire », dit-elle, et à son tour elle raconte du mal de Lucie.

Voilà trois sottes petites filles.

Mais Jeanne trouve qu'elle a raison de rendre la pareille à Lucie. Moi je ne trouve pas.

Si je te donnais une soupe trop salée y mettrais-tu du sel ? Non, bien sûr.

Etre bon, c'est diminuer un peu la souffrance dans le monde.

Eh bien ! le monde, la Section, est comme une grande soupe que Lucie et Henriette ont trop salée, ont rendu mauvaise. Jeanne s'en plaint, mais elle rajoute encore du sel, c'est-à-dire de la méchanceté !

Ne trouves-tu pas comme moi qu'elle a bien tort.

Quand tu seras dans un cas semblable au sien, au lieu de te fâcher dis-toi : « Décidément la soupe est trop salée », et au lieu de rajouter de la mauvaise humeur et de la méchanceté mets-y ce qui manque : apporte la Bonté.

VI. *Travail*

Sais-tu ce que peut faire le **travail ?**

Un jeune garçon allait tous les dimanche de Paris à Versailles voir sa mère. A la sortie de Paris il trouvait toujours un mendiant nommé Antoine. Un monsieur un jour s'arrêta devant Antoine et le petit garçon l'entendit dire : « Vous êtes fort et bien portant, c'est honteux de mendier comme vous le faites. J'étais autrefois aussi pauvre que vous, mais au lieu de mendier je me suis mis à vendre des chiffons ; à force de travail j'ai pu acheter un âne et une charrette, puis étendre mon commerce. Je suis devenu l'associé d'un fabricant de papier ; je viens de céder cette fabrique à mon fils aîné et j'ai dix mille francs de rentes. »

Antoine eut l'air très frappé par ce récit.

Vingt ans après, le jeune garçon, devenu jeune homme, entrait dans une librairie du quartier du Luxembourg. Le libraire le dévisageait attentivement : « N'alliez-vous pas souvent à Versailles, le dimanche, il y a 20 ans ? » lui dit-il tout à coup, et le jeune homme reconnut Antoine. Ce dernier lui dit : « Ne vous étonnez pas si je suis arrivé à être patron de cette librairie ; j'ai suivi les conseils d'un monsieur et je me suis mis à travailler ferme. C'est là le seul secret de mon enrichissement. »

Sais-tu ce que peut faire l'**économie ?**

Un litre de vin coûte 1 fr. 75. Une famille qui déciderait

L'oisiveté est mère de tous les vices.

(Proverbe).

de faire chaque jour l'économie de ce litre possèderait au bout de 5 ans 3.192 fr. 75 ; de quoi acheter un joli mobilier ; fais la liste des objets que tu pourrais te procurer avec cette somme !

Sais-tu ce que peut faire l'**économie jointe au travail ?** Un jeune garçon très pauvre se présenta un jour dans une banque pour demander du travail. Le directeur n'avait pas besoin de personnel et le congédia. Le jeune garçon sortait tristement de la banque quand il aperçut une épingle à terre. Il s'arrêta, la ramassa et la fixa avec soin à son veston. Le directeur vit ce geste de sa fenêtre : il fit rappeler le jeune garçon et l'engagea sur le champ. Ce jeune homme s'appelait Laffitte, il devint par le travail et l'économie un grand banquier si estimé que Napoléon le fit régisseur de la Banque de France qu'il venait de fonder. Laffitte possédait aux environs de Paris de vastes propriétés dans une région appelée aujourd'hui encore Maisons-Laffitte.

Il rendit de grands services à la Patrie.

VII. *Amie des animaux et des plantes*

C'est lâche de faire souffrir un animal quel qu'il soit ; une Eclaireuse ne le fait jamais.

C'est mal de malmener une plante ; on doit respecter la vie que le Créateur a mise en elle. **Il faut cueillir les fleurs sans briser la plante et sans arracher la racine.**

Aimer les animaux et les plantes cela prouve une intelligence ouverte et un cœur bien placé. Un jour, mon père se trouvait pour la première fois en présence d'un homme qu'il aurait bien aimé connaître. Il l'observait donc et essayait de se faire une opinion sur son compte. Ils étaient tous deux dans un jardin. Tout à coup une grosse araignée marchant à terre s'avança vers la chaise de l'homme ; celui-ci l'aperçut. « Va-t-il l'écraser ? » se demanda mon père. Inconsciente du danger qu'elle courait, l'araignée

---

La vie est un combat ; je veux remplir ma tâche.
Celui qui fuit le champ du travail est un lâche.

(Jean Aicard).

continuait d'avancer et essayait même de grimper sur le soulier de l'homme : celui-ci tranquillement secoua son pied sans faire aucun mal à la bête qui retomba et continua son chemin. « C'est un brave homme, bon et juste », pensa sans hésiter mon père. Et c'était vrai.

Il y a de ridicules petites filles qui poussent des cris de paon lorsqu'elles voient des araignées, des guêpes ou des souris. C'est qu'elles ne se sont pas donné la peine de faire la connaissance de ces animaux, sans cela elles n'en auraient pas peur, les estimeraient et les aimeraient.

En observant les araignées on s'aperçoit qu'elles sont en général actives, très adroites et courageuses.

Les guêpes piquent seulement pour se défendre. Ne pas agiter avec vivacité la main ou le mouchoir pour les chasser, on les affole, on leur fait mal et elles piquent.

J'ai apprivoisé autrefois une souris : ce sont des petites bêtes fines, craintives, très propres (elles se lèchent sans cesse). La mienne accourait chaque matin à mon appel et blottissait gentiment dans mes mains son petit corps palpitant.

Nous entendons quelquefois dire que le crapaud est une « sale bête ». Cette parole n'a aucun sens pour une Eclaireuse car elle sait qu'il n'y a pas de bête méprisable.

Vers 12 ans, j'ai eu pour ami un Crapaud. Par les beaux soirs d'été il sortait d'un trou du mur et j'allais fidèlement lui rendre visite. Silencieux et lent, il sortait de l'ombre quand il m'entendait venir, et s'avançait vers moi dans un rayon de lune. Il fixait sur moi ses grands yeux profonds et doux (les crapauds ont de très beaux yeux). Je lui apportais des mouches. J'approchais doucement de lui les insectes bourdonnants. Sans se départir autrement de son immobilité, le crapaud lançait brusquement, en avant, sa langue plus longue que lui et happait sa proie avec la rapidité d'un éclair sans me toucher ni la faire souffrir. C'était une excellente façon de débarrasser la cuisine des mouches et

---

La Nature est le meilleur Maître.

de leur éviter les lentes agonies des pièges à colle ou à vinaigre.

Pour être ami des animaux il faut les connaître.

Pour les connaître, il faut découvrir leurs habitudes et leurs mœurs, deviner leurs pensées ; il faut les **observer** ; nous reparlerons de la façon de s'y prendre.

Ne jamais mettre de bêtes en cage. Les bêtes en cage sont ou très malheureuses ou absolument abruties (exactement comme tu serais au bout de peu de temps si tu étais à leur place). Elles ne sont intéressantes à étudier que lorsqu'elles peuvent se développer librement comme Dieu l'a voulu.

Quelle que soit la maison que tu habites arranges-toi pour pouvoir y observer et y soigner un animal en liberté ne fusse qu'une araignée ou des moineaux.

Rappelle-toi que pour obtenir la confiance des animaux (comme Mowgli avait celle des loups), il faut être avec eux très calme, à peu près silencieuse et ne pas les effrayer ou les gêner.

Tâche aussi d'élever une plante chez toi et au local de la section : c'est toujours possible.

Enfin demande à ta cheftaine de te faire lire les deux « livres de la Jungle », de Ruydyard Kippling (tu y trouveras l'histoire passionnante de Mowgli) ou encore le « Voyage de Nils Holgerson à travers la Suède » (Selma Lagerloff) ou « Les mœurs des Insectes », de J.-H. Fabre.

VIII. *Sobriété*

Etre sobre c'est savoir : 1° **se contenter de peu** ; 2° **vaincre ses désirs.**

1. Il y a plus de 2.000 ans, bien avant Jésus-Christ, vivait en Grèce un homme appelé Diogène. Il était très célèbre et aujourd'hui encore on parle très souvent de lui.

Et sais-tu pourquoi il a mérité tant de gloire ?

Semez une habitude vous récolterez un caractère.

Parce qu'il a donné à tous les hommes un exemple de grande sobriété.

Il avait pour maison un simple tonneau contenant de la paille ce qui était peu embarrassant, pas cher et très sain. Pour boire il avait une écuelle de bois. Un jour, il vit un enfant boire dans le creux de sa main, sans écuelle. Il jeta la sienne en disant : « Puisque je puis m'en passer je suis bien bête de m'en embarrasser ; à présent je suis bien plus heureux : je n'aurais plus à craindre de la briser ou de la perdre ; je n'aurais plus à la nettoyer ni à la transporter avec moi. »

Grâce à sa sobriété Diogène vivait sans soucis : au lieu d'avoir à s'occuper d'une riche maison, de domestiques, de repas compliqués, il pouvait tout à son aise réfléchir et écrire des livres utiles (car c'était un philosophe très instruit).

Les gens sobres sont plus facilement heureux que les autres ; ayant moins de besoins ils ont moins de soucis ; dépensant moins ils sont plus facilement riches.

Une Eclaireuse sait cela ; aussi est-elle sobre en toute chose.

Il y a des gens pour lesquels c'est toute une affaire de voyager ou de quitter leur maison pour un ou deux jours. Il leur faut emporter des malles ou des tas de lourds paquets. Ils se préparent toutes sortes de provisions. Naturellement, ils ont sans cesse peur d'oublier quelque chose dans tout ce déménagement et se font beaucoup de soucis inutiles. Un jour, dans un train, je vis un homme et une femme qui avaient oublié de quoi boire. A ma grande surprise, ce petit accident les rendit tout à fait malheureux ; le mari gronda sa femme, qui se fâcha, et ils se disputèrent tout le long du trajet ; pourtant, ils avaient des fruits pour se désaltérer !

Je les plaignais beaucoup, non parce qu'ils n'avaient pas de vin mais parce qu'ils ne savaient pas s'en passer. Je me

---

Pour être libre et heureux : savoir se passer de ce que l'on n'a pas.

disais : « cet homme et cette femme sont les esclaves d'une bouteille de vin ! ».

Voyez une Eclaireuse qui part en camping pour huit jours. Sur son dos : un sac plein ; poches remplies ; à la main : une couverture et un vêtement de laine roulés ce qui est facile à transporter ; et c'est tout. Pour bien dormir, elle n'aura besoin que d'une grange et d'une botte de paille ; pour se laver et boire, il ne lui faut que de l'eau ; elle trouvera sur place sa nourriture car elle n'a pas besoin de mets rares. Elle passera ainsi 8 jours paisibles et joyeux et reviendra avec des forces nouvelles.

Cela simplifie joliment la vie d'être sobre ! n'est-il pas vrai ?

Les excès engendrent des maladies et de grands vices tels que l'alcoolisme, ce fléau national qu'une Eclaireuse doit faire tout au monde pour combattre.

2. La sobriété est donc une qualité nécessaire. On peut l'acquérir peu à peu ; c'est une affaire de volonté.

Je connais une jeune fille qui était très gourmande quand elle était fillette. Elle ne pouvait pas résister au plaisir de manger quelque chose de bon. Cela l'humiliait beaucoup de se voir ainsi l'**esclave de ses désirs.** Un jour qu'elle était seule à la maison, elle trouva un pot de confiture. Elle le plaça sur une table, s'assit devant lui et resta à le regarder sans bouger en se répétant : « Non je n'en mangerai pas ». Ce fut très dur pour elle pendant dix minutes mais au bout d'une demi-heure elle était complètement **victorieuse de la tentation.**

C'est très beau de savoir ainsi se dominer.

Les jeunes filles qui ne peuvent pas se passer de leur tasse de café habituelle devraient bien faire cet exercice. Si tu es gourmande, fais-le ; nous verrons si toi aussi tu arrives à vaincre.

3. As-tu déjà entendu dire d'une femme : « Elle est sobre-

Les boissons fortes font les hommes faibles.

ment vêtue. » Cela veut dire qu'elle n'a pas de colifichets, de rubans ou de bijoux qui attirent le regard.

Une telle parole est un compliment car la sobriété est toujours distinguée et de bon goût. Les beaux bijoux sont les plus simples et les plus beaux monuments ont en général peu d'ornements et de dorures.

Une petite Française doit être toujours habillée avec goût c'est-à-dire sobrement.

Quand tu liras à la page 12 de ce livre que les Eclaireuses ne doivent porter ni bijoux, ni brillants, ni nœuds, ni autres fantaisies, tu te soumettras de bon cœur à cette règle car tu en comprendras le sens et tu verras là un moyen de pratiquer la Loi.

IX. *Bonne humeur*

Nos Poilus dans la tranchée ont essayé pendant la guerre de « garder le sourire » ; ça n'était pas toujours facile. Les infirmières ont essayé aussi, et pour elles non plus ça n'était pas toujours commode. L'une d'elle sortait un jour, furieuse, de la chambre de ses malades. Elle rencontra le Médecin-Major. « Ah ! Docteur ! mon numéro 9 a un caractère de chien il grogne toujours ! Je lui apporte son journal ? il désirait sa pipe ; on lui offre un oreiller ? il voulait un verre d'eau. Il vient encore de me faire une scène parce que sa soupe n'est pas à son goût. » Le Docteur eut un bon sourire : « Eh ! bien Mademoiselle, puisqu'il vous a secoué, j'espère que vous avez répandu de la crème. — De la crème ? dit l'infirmière interloquée. — « Eh oui ! quand on secoue le porteur d'un pot de crème il en répand. J'espère que vous ne portez que de la crème Mademoiselle ».

J'espère que toi aussi tu es ou tu vas devenir une petite porteuse de crème.

Rappelle-toi aussi qu'une Eclaireuse porte de la lumière dans son nom et que c'est son devoir de la répandre autour

---

Les saints tristes sont de tristes saints.

(*Saint François de Sales*).

d'elle. Penses-y quand tout va mal et, fidèle à ton nom, sois toujours un Rayon de Soleil.

X. *Pureté* (1)

1. Une Eclaireuse est pure dans ses pensées, ses paroles et ses actes...

1° Il y a parfois des fillettes qui prennent plaisir à dire des mots grossiers. Une Eclaireuse ne le fait jamais.

2° Une Eclaireuse ne lit jamais de mauvais livres. Les mauvais livres sont ceux qui excitent l'imagination et donnent des idées fausses et inspirent de mauvais sentiments. Prends garde! car, sans que leurs lectrices s'en aperçoivent, ils leur faussent peu à peu la conscience ce qui est très grave. Le cinéma est souvent un « mauvais livre ».

Une Eclaireuse recherche les livres instructifs qui la rendent meilleure.

3° Bien des fillettes se posent des questions sur de graves sujets tels que la naissance des enfants par exemple. C'est tout naturel puisqu'elles seront plus tard les mamans de beaux bébés. Mais certaines de ces fillettes ont une mauvaise manière de se renseigner ; au lieu de s'adresser à des gens instruits et sérieux elles écoutent les racontars de camarades qui n'en savent pas plus long qu'elles et disent des bêtises ; ou bien elles lisent des livres défendus. Ce n'est pas loyal d'agir ainsi. Une Eclaireuse va trouver sa Mère ou sa Cheftaine et lui dit tout simplement : « Je veux savoir ceci ou cela ».

Il est déjà très difficile d'expliquer comment naît et grandit une petite plante ; c'est encore bien plus compliqué à faire comprendre quand il s'agit d'un petit être aussi par-

(1) Pour les Cheftaines : demander au Secrétariat les livres de Mme Leroy-Allais et de Mary Wood Allan.

Le sourire met du soleil dans l'air et dans les idées.
(H. Lavedan).

fait qu'un enfant. Pour cette raison la plupart des gens ne savent comment en parler et se débarrassent des fillettes qui les questionnent en disant : « Cela ne te regarde pas. » Mais les Mères ou les Cheftaines savent leur répondre et répondre des choses vraies.

2. ...réservée dans son attitude et ses propos. Une de mes tantes possède une nombreuse basse-cour. Quand des visiteurs viennent admirer la volaille, il est bien amusant d'observer l'attitude du Dindon. Il hérisse ses plumes, se gonfle, se rengorge, fait la roue et marche à grands pas de long en large tandis que ses deux ailes balayent le sol. Grâce à ce manège, il attire l'attention de tout le monde, ce qui semble le rendre très fier.

C'est évidemment un très brave Dindon, mais il a l'air, je vous assure, bien sot et ridicule ! et si tout le monde le regarde, je crains que ce ne soit pas pour l'admirer.

Je connais des jeunes filles qui ressemblent à ce dindon. Un jour des Eclaireuses, pendant l'entr'acte d'une fête jouèrent au jardin avec de nombreux visiteurs, parmi lesquels il y avait des jeunes gens. Deux d'entre elles, qui, je dois le dire, n'avaient pas encore prêté serment, oublièrent qu'une Eclaireuse est réservée dans son attitude et ses propos ; elles firent quantité de manières, pour se faire remarquer et admirer (tout comme le dindon), s'excitèrent, parlèrent à tort et à travers, en riant sans raison. Le soir, elles rentrèrent chez elles ; deux des garçons avec lesquels elles avaient plaisanté les abordèrent dans la rue et leur demandèrent la permission de les accompagner. Trop fines pour ne pas comprendre qu'ils voulaient s'amuser à leurs dépens, elles se hâtèrent de rentrer sans répondre, toutes honteuses et humiliées. Elles racontèrent l'aventure à leur Cheftaine. Celle-ci gronda sévèrement les garçons qui s'étaient montrés sots et indélicats, puis elle dit aux fillettes : « C'est votre faute si vous n'avez pas été respectées. Une jeune fille qui veut l'être ne doit pas se faire remarquer

---

Nos actions finissent toujours par ressembler à nos pensées.

(Paul Bourget).

comme vous avez fait. Une autre fois soyez plus calmes et plus dignes. »

Ne faites jamais comme le dindon de ma tante !

Une Eclaireuse doit faire au moins une bonne action par jour

Conforme-toi à la règle de Titus et fais au moins une bonne action par jour. Si tu n'en as pas rencontré l'occasion, crée-la avant ton sommeil (*Lieutenant-colonel Clément Grandcourt*).

Les Eclaireuses appellent cela : « faire sa B. A. » (sa Bonne Action), et une vieille Eclaireuse n'a garde d'y manquer : C'est bon pour les Petites Bleues !

Il faut prendre l'habitude de faire sa B. A. dès qu'on est Petite Bleue. Pour ne pas l'oublier on peut employer un bon moyen : **Le carnet de B. A.**

Fabriquer un petit carnet et diviser les pages en deux colonnes ; dans celle de gauche, on inscrit les jours de la semaine, dans celle de droite on met une croix représentant chaque B. A. Si un jour on oublie sa B. A. eh bien ! on en fait deux le jour suivant !

Quelques Eclaireuses font trois colonnes et marquent leurs mauvaises actions dans la troisième ; elles pensent qu'une Eclaireuse doit non seulement faire une B. A. chaque jour, mais surpasser d'au moins une B. A. le nombre de ses mauvaises actions.

Chaque semaine on additionne le nombre des B. A. ; puis on prend de bonnes résolutions pour la semaine qui vient.

La semaine qui vient est représentée par une page toute blanche.

La semaine passée a deux colonnes remplies ; nous ne pouvons rien y changer.

Nous sommes absolument impuissantes à changer quelque chose au passé : si vous faites une tache d'encre sur

---

votre cahier, vous pouvez la gratter, l'effacer, essayer de réparer votre sottise, mais vous aurez beau faire la page ne sera jamais comme elle était avant d'être tachée, **vous ne pouvez pas faire que la tache n'ait pas existé.** Ainsi personne, pas même Dieu, ne peut faire que vous n'ayez pas accompli vos mauvaises actions de la semaine passée.

De même si vous avez perdu l'occasion de faire votre B. A., cette occasion est perdue pour **toujours.**

Vous ne pouvez donc rien changer à la page de votre carnet sur laquelle vous avez inscrit les B. A. et les mauvaises actions de la semaine passée.

Il en est tout autrement pour la page toute blanche encore de la semaine qui va venir. Celle-là **vous appartient toute.** Vous pourrez y mettre **tout** ce que vous voudrez : il dépend de **vous seule** que la colonne des B. A. soit bien ou mal remplie.

A l'ouvrage donc ! Remplissons de B. A. notre page blanche.

Le carnet de B. A. donne peu à peu l'habitude de chercher le bien, d'aider les autres, d'être serviable ; grâce à lui on peut faire une guerre systématique et sans repos à ses défauts et ses mauvaises habitudes.

La B. A. doit nous coûter un effort; elle n'est pas seulement une action utile qui rend service — car heureusement nous en faisons toutes et plusieurs fois par jour de ces actions-là : on aide maman au ménage, on raccommode un accroc, on garde les petits frères et sœurs, etc. ; tout cela c'est simplement le devoir quotidien. — La B. A. est quelque chose de plus : **c'est un acte fait pour rendre service et qui nous coûte un effort sur nous-même,** par exemple : pour la paresseuse, se lever de bon matin est une B. A. ; pour la désobéissante, obéir promptement ; pour la nonchalante, se déranger de suite au lieu de répondre : « Attends, oui, dans un moment. » Se retenir de mentir ou de se mettre en colère, sont des B. A. Et

On ne vit pas deux fois l'instant qui fuit.

aussi des services que nous rendons, sans y être obligés, comme, par exemple, s'arrêter pour relever un bébé tombé, consoler un enfant qui pleure, défendre un petit maltraité par un grand, céder sa place en tramways, aider une vieille à porter un paquet; etc. Il y a quantité de ces B. A. qui nous attendent tout le long du jour ; l'Eclaireuse doit en faire au moins une et surtout ne jamais l'oublier.

Faire chaque jour un seul effort pour devenir meilleure et plus utile, c'est prendre le chemin de la perfection.

Des hommes qui avaient un haut idéal ont employé ce moyen pour se corriger de leurs défauts, et c'est peut-être grâce à cette humble habitude qu'ils sont devenus de grands hommes, admirés et aimés.

L'empereur romain Titus s'était fait une règle d'accomplir une bonne action chaque jour ; lorsqu'il y manquait, il disait : « J'ai perdu ma journée » ; car il jugeait que la gloire de gouverner son immense empire n'était rien auprès de celle de faire une bonne action, un effort sur lui-même.

Franklin, l'inventeur du paratonnerre, qui fut non seulement un grand savant et un homme politique, mais encore un homme de bien, ne trouvait pas indigne de lui d'avoir un petit carnet, tout comme le carnet de B. A. d'une Eclaireuse !

J'ai connu une fillette de 12 ans, aujourd'hui cheftaine, qui était impulsive et volontaire ; elle ne savait ni se dominer, ni résister à la tentation et à la colère. Pour se corriger elle fabriqua un jeu qui se jouait, paraît-il, à la cour du grand empereur Charlemagne, où on l'appelait le « jeu de vertus ». Ce jeu se compose d'un damier et se joue avec deux dés ou jetons.

Sur les carrés blancs sont inscrits des noms de vertus, de bonnes habitudes à prendre, de mauvaises à combattre. La fillette écrivit par exemple : ne pas chiper du sucre dans

---

Faire effort, c'est faire tâche d'homme.

l'armoire; ne pas me faire de tartines de moutarde; répondre doucement à maman; ne pas taquiner ma petite sœur; bonté; zèle au travail; etc. Tous les matins elle prenait les dés et, en fermant les yeux, les jetait sur le damier : elle accomplissait tout le long du jour les vertus sur lesquelles tombaient les dés.

Future Eclaireuse, fais-toi un « jeu des vertus » et un carnet de B. A. et tu verras que chaque jour tu seras meilleure que la veille !

Parmi toutes ces B. A., il y a des « B. A. extraordinaires » (voir page 9).

Une Eclaireuse doit toujours avoir en vue l'idée de **Servir** et combiner sans cesse des B. A. extraordinaires.

Les Patrouilles peuvent faire des B. A. collectives. C'est la meilleure façon de se distinguer.

Histoire du Christ : (1)

Pas une petite fille de nos pays ne peut et ne doit ignorer l'histoire de Jésus de Nazareth, le Christ. Notre civilisation, nos mœurs, nos lois ont subi la profonde empreinte de son esprit.

Les religions chrétiennes enseignent en son nom. Les Chrétiens sont ses disciples et ils essayent dans leurs actes et leurs paroles de suivre l'exemple parfait que ce Maître parfait a donné aux hommes par sa vie et sa mort; ils mettent en lui toute leur confiance.

Le récit de la vie du Christ se trouve dans plusieurs écrits de ses contemporains, par exemple ceux de l'historien Joseph, et surtout dans les quatre **Evangiles**. Le premier de ces Evangiles a été fait par un témoin oculaire, disciple du Christ, le « Péager » saint Matthieu. Le second est l'œuvre de saint Marc qui suivit l'Apôtre Pierre dans ses

(1) Voir note page 13.

Tous les siècles proclameront qu'entre les fils de l'homme il n'en est pas né de plus grands que « Jésus ».

(Renan).

derniers voyages, fut son secrétaire et écrivit les récits que l'Apôtre fit au peuple. Saint Luc, docteur Grec, a composé le troisième Evangile d'après les fidèles récits que lui faisait son ami et compagnon saint Paul, contemporain du Christ.

Ces trois Evangiles donnent une vue d'ensemble de la vie de Jésus-Christ. Ils sont complétés par l'Evangile selon saint Jean qui fait pénétrer plus profondément dans la pensée intime du Christ.

Nous trouvons encore de nombreux détails concernant l'histoire et l'enseignement du Christ dans les Actes des Apôtres et les Epîtres. Les **Actes des Apôtres** écrits par saint Luc racontent les travaux des Apôtres après la mort du Christ, pour répandre dans le monde son enseignement et convertir les hommes à Dieu. Les **Epîtres** sont un recueil de lettres d'apôtres et de chrétiens du 1er siècle et principalement de l'Apôtre Paul s'adressant aux premières Eglises Chrétiennes et à quelques-uns de ses amis.

L'histoire du Christ peut être étudiée soit directement dans les Evangiles, les Actes et les Epîtres ; soit dans les livres tels que : Jésus de Nazareth, d'Alexandre Wesphall *(Fischbacher, 33, rue de Seine, 3 fr. 50)* : « Récits bibliques » (Nouveau testament) de L. Segond ; Les Saints Evangiles *(approuvé et recommandé par plusieurs cardinaux et évéques)*, par A. Magniez, *22 et 24, rue Jeanne d'Arc à Arras.*

Examen d'une aspirante

Lorsque la Petite Bleue a acquis les connaissances précédentes (au bout de trois mois au plus), elle doit aller trouver la Cheftaine et lui dire qu'elle désire passer l'examen ; alors, pendant une durée maximum d'un mois, la Cheftaine et les Instructrices déléguées par elle doivent peu à peu, en profitant de chaque réunion, faire passer par surprise à la Petite Bleue les épreuves nécessaires. Grâce à cette méthode l'examen est plus sérieux et plus probant.

Incorporation d'une aspirante

En cas d'admission, la nouvelle Aspirante est incorporée dans une Patrouille après consultation des Chefs. Les résultats sont proclamés à la Section, celle-ci étant rangée en « formation de base » face à la Cheftaine ; la Patrouille qui reçoit l'Aspirante est au milieu en avant des autres Patrouilles. La Cheftaine remet la cravate ; le Chef de Patrouille souhaite la bienvenue à l'Aspirante et lui remet la cordelière. La Section salue.

Et maintenant, jeune Aspirante, tu as franchi le premier échelon, tu as fait le premier pas.

Tu fais vraiment partie du grand **mouvement des Eclaireuses.** Ceux qui te rencontreront et qui connaissent ton uniforme diront : « C'est une Eclaireuse. » Et de ta conduite dépendra qu'ils estiment ou méprisent les Eclaireuses.

Regarde les difficultés en face, et puis empoigne-les des deux mains : tu les vaincras.

Tu fais partie d'une **Section** et tu en portes la couleur. Si une Eclaireuse ou même un Eclaireur te rencontrent, ils diront : « Elle est de telle Section. » Si tu te conduis bien cette phrase dans leur bouche sera un éloge pour ta Section ; si tu te conduis mal ce sera pour elle un blâme. Une Section dont les Eclaireuses ont une bonne conduite, une tenue digne et une conscience droite est une heureuse Section dont le fanion peut flotter bien haut dans le ciel le jour du Grand Conseil.

Tu es incorporée dans une **Patrouille**. Prends garde ! Si dans un sac de pommes une pomme est pourrie on peut sauver les autres ; mais si la 8e partie d'une pomme est pourrie, la pomme entière est malade. Parfois le fruit semble bon encore mais tu peux remarquer que sa chair est caoutchouteuse et que s'il a des parties fermes encore elles sentent cependant la moisissure. Eh bien ! tu es la $1/8^e$ partie de la Patrouille et tu es aussi intimement liée à ses autres membres qu'$1/8^e$ de pomme au reste de la pomme. Dans ce petit groupe très uni qu'est la Patrouille, ton influence peut être ou très bonne ou très mauvaise (sans que tu t'en aperçoives souvent). C'est une **grande responsabilité**; prends y garde !

Une Aspirante ce n'est pas une Eclaireuse, mais c'est une « préparation d'Eclaireuse ».

Si la pâte est bien réussie, le gâteau sera bon ; de même si l'Aspirante est bonne l'Eclaireuse sera bonne. Aussi le stage d'Aspirante a-t-il une très grande importance ; il peut et doit être aussi long que la nécessité l'exige.

J'espère que pour toi il sera court mais bien employé.

Ton but d'Aspirante, c'est : être Eclaireuse.

Pour l'atteindre il faut :

1° Préparer et passer l'examen d'Eclaireuse de 2e classe.

2° Mériter l'estime et la confiance de tout le monde en t'efforçant de pratiquer la Loi.

3° Te préparer à prêter serment loyalement.

Regarde vers le but et « En Avant ».

Une âme qui s'élève, élève le monde.

(Elisabeth Leseur).

COMMENT FAIRE SOI-MÊME
SON COSTUME

Il est recommandé aux Eclaireuses de faire elle-même leur costume en commençant par la jupe et par leur costume de gymnastique qui sont si faciles à faire. Seule la jaquette devrait être confiée à des mains plus habiles. — Le reste doit très facilement être fait par l'Eclaireuse.

Couleur :

Pour avoir un costume de la couleur réglementaire, l'Eclaireuse devra quelquefois teindre de vieilles étoffes ; elle peut le faire elle-même :

Prenez des racines de noyer ou des racines de ronce, ou des coques de noix vertes. Faites bouillir pendant une heure et exprimez. Prenez l'objet à teindre, plongez-le dans un mélange d'alun et d'eau — soit 30 grammes d'alun pour 50 grammes d'eau. — Faites sécher lentement. Quand c'est à peu près sec mettez dans la teinture. S'il s'agit de coton, vous pouvez faire bouillir ; tout autre tissu sera mis dans l'eau aussi chaude que la main pourra le supporter, et sera remué lentement pendant un certain temps puis on suspendra pour égoutter et faire sécher.

Faites bien attention que tout soit bien propre avant de commencer à teindre.

(Extrait du Lonecraft, traduction et adaptation de M. Robert de Jarnac).

Chapeau *(fig. 5)* :

C'est le premier objet que l'Aspirante doit posséder.

Calotte : La calotte se compose de 6 pièces de la forme indiquée par la figure 1. Tailler les 6 pièces identiques plus ou moins grandes suivant l'entrée de tête et les doubler (d'un croisé par exemple). Une fois finies très proprement les assembler les unes aux autres endroit contre endroit, par un point de surjet. — Retourner la calotte qui se trouve ainsi aussi propre intérieurement qu'extérieurement.

Le bord peut être fait de deux façons.

a) Couper un biais de 20 cm. de large environ, le plier en double, l'étirer fortement sur le bord, le piquer régulièrement. Les piqûres devront aider à diminuer le relevé du bord. L'inconvénient de cette manière de faire est en effet de donner des bords « roulés » trop relevés par conséquent ; pour diminuer cet inconvénient on peut aussi couper le biais un peu plus long qu'il n'est nécessaire, le tour de tête se trouve ainsi trop grand, le resserrer en y cousant un petit biais de doublure *(fig. 2)* ; ceci est assez délicat à réussir.

b) Prendre le tissu en double, endroit contre endroit, et couper un bord en forme de 6 à 8 cm. de large environ *(fig. 3)*. Piquer ensemble, toujours endroit contre endroit, les deux lèvres du bord extérieur. Prendre ensuite une petite ficelle ; la coudre tout au bord à points de mode rapprochés et tirer sur elle pour obtenir le mouvement « breton » réglementaire. Retourner à l'endroit et piquer régulièrement. — Faire quelques crans à l'entrée de tête et border d'un biais de doublure ou d'un extra-fort. Ce bord double est facile à faire, mais nécessite plus de tissu que le bord en biais. Il est vrai qu'un biais de la dimension voulue est difficile à trouver parfois dans les morceaux dont on dispose. — Les piqûres doivent être faites tous les 4 ou 5 millimètres.

Dans les deux cas on peut avant de faire les piqûres, glisser un tissu raide taillé en forme (du bougran par exemple) entre les deux tissus pour donner plus de consistance au bord.

La jarretière *(fig. 4)* est un biais de 3 cm. double ou simple, doublé ou non.

Le dépassant est un petit biais plié en double, dépassant d'un demi-centimètre au plus le bord supérieur de la jarretière. Une étroite ganse de couleur, facile à mettre et à enlever fait aussi très bien l'affaire. Piqûres régulières (facultatives).

Montage : Si le fond du chapeau a une bonne dimension, il doit être cousu après le bord indépendamment de la jarretière qui est simplement posée par-dessus.

Jupe :

La jupe est plutôt large et courte *(croquis figure 8).*

Les panneaux du milieu AB = 15 cm. environ. Les 4 plis couchés des jupes de Cheftaines ont de 8 à 10 cm. du creux au bord (CD = 8 à 10 cm. ; CC' = 4 à 5 cm.).

Bâtir les plis soigneusement à grand faufilage croisé. Bien repasser.

Poches : De chaque côté de la jupe et cousue à l'envers se trouve une poche semblable à celles des culottes d'homme, petit sac de doublure venant se placer sur le devant de la cuisse où il ne gêne pas et ne se voit pas. Un biais d'étoffe borde la fente d'entrée. Un bouton la ferme.

La poche représentée par la figure 9 est la poche gauche (1).

Montage. Le gros grain ferme au milieu du devant ou du dos. La fente FF' sera ménagée dans une couture, au fond du creux d'un des deux panneaux. Le panneau se rabattra et se fermera un peu de côté par un bouton à pression. Fixer la jupe sur le gros grain soit à la main, soit à la machine ; couper le haut de la jupe au ras du gros grain et border en cousant à cheval un extra-fort ou un biais de tissu. Pour les fillettes faire un pli au gros grain pour pouvoir l'élargir plus tard, et un grand ourlet à la jupe pour pouvoir l'allonger.

Pour que la blouse ne sorte pas de la jupe on peut supprimer le gros grain et monter la jupe sur une bande de tissu de même teinte, droit fil, de 10 cm. de large environ *(fig. 8-Z).* Attacher le tout à un corselet lavable, soit en cousant, soit au moyen de boutons et boutonnières. Ce corselet peut être remplacé par deux bretelles lavables. Quand la jupe est montée ainsi la blouse se met par-dessus ; la bande droit fil de même teinte lui permet de remonter au-dessus de la taille sans que cela se voie. Le corselet a l'avantage de supprimer le gros grain et de laisser la taille plus libre. *(fig. 8)*

(1) La forme indiquée par la figure 9 est défectueuse. La poche doit être un sac rectangulaire dont le haut s'attache à la ceinture de la jupe.

Jaquette :

La jaquette est ce qu'il y a de plus compliqué à faire. Les croquis au bout du livre donnent quelques indications.

Quelques personnes trouvent préférable de faire le dos sans couture verticale, mais avec une couture transversale à la ceinture.

La jaquette ferme par-devant avec 3 boutons. La ceinture de 4 cm. à 5 cm. croise par devant et ferme par 2 boutons. La manche a une ou deux coutures. *(fig. 5)*

La poche à soufflets peut être taillée d'une pièce. Dans ce cas faire une piqûre qui pince le tissu en double, le long de LN-NO-OM, comme si les soufflets étaient rajoutés. Le soufflet du bas NO est facultatif. Piquer ensemble LL et MM.

Chemisette :

La coupe diffère suivant la forme de la chemisette. Si elle doit être longue et sans taille, la coupersuivant KI' *(fig. 3)* et F'IJ *(fig. 2)*. Dans le cas contraire, donner au dos un mouvement rentré et couper suivant F'GL *(fig. 2)* et H'G'F *(fig. 3)*. L'empiècement peut porter dans le dos une pièce de renforcement cousue à l'envers *(fig. 1)*.

La poche est à pli afin qu'elle ne se déforme pas. Ce pli *(fig. 5)*, formé au fer, est cousu dans le bas par la piqûre transversale qui fixe la poche à la chemisette. Dans la figure 5 la poche est à plat. Quand le pli est formé A' vient en A et B' en B.

Le col est rabattu *(fig. 4)*. H'C' est l'encolure ou pied de col.

Quand la chemisette est sans basque on peut, pour laisser aux mouvements toute liberté, la tailler longue (jusqu'aux hanches), l'arrondir soigneusement et la terminer par un élastique ; celui-ci se porte à la taille, au-dessus de la ceinture de cuir, ramenant ainsi au-dessous la longueur supplémentaire de la blouse. Lorsque la jupe est montée sur corselet, comme il est indiqué ci-dessus, il suffit de terminer la blouse à la taille sur une bande droit fil ; sur cette bande coudre trois petites pattes — une dans le dos et les deux autres de côté — et passer dans ces pattes la ceinture de cuir.

Costume de gymnastique et robe de camping

(pour la nuit et le matin). *(fig. A)*

Robe kimono, large et courte en crépon de coton lavable brun ou noir ; manches aux coudes ;

Prendre un rectangle assez large d'étoffe en double de façon à avoir les coutures sur le côté — creuser un peu sous les manches. — Elastique à la taille.

Encolure : Faire une fente transversale, border d'un biais ou ourler.

Fermeture : Petite fente ou coulisse à l'encolure.

Les seules garnitures autorisées, sont à l'encolure et aux manches des biais de tissu pareil et des dépassants de la couleur de la Section.

Manche rapportée, supprimant la gêne qui est l'inconvénient de la manche kimono *(fig. B)*. La couture AC est droit fil et s'adapte sur la couture droit fil A'C'.

Petite culotte : venant au-dessus du genoux, en étoffe ou jersey assorti avec caoutchouc à la taille et aux jambes (cette culotte se porte continuellement en camping).

Lorsque la blouse adoptée est longue et droite elle peut servir pour la gymnastique si la culotte est bouffante quoique courte du modèle dit : américain.

Le **corset** doit être remplacé par une ceinture souple supportant les jarretelles ; les jarretières sont malsaines parce qu'elles entravent la circulation. Les jeunes filles faibles des muscles du bas-ventre doivent s'entourer d'une bande serrée de flanelle ou d'une bande velpaux jusqu'à ce que des exercices de gymnastique appropriés et faits deux fois par jour les aient fortifiées.

LA MARSEILLAISE

I

Allons, enfants de la Patrie,
Le jour de gloire est arrivé.
Contre nous de la tyrannie
L'étendard sanglant est levé. *(bis)*.
Entendez-vous dans les campagnes,
Mugir ces féroces soldats ?
Ils viennent jusque dans nos bras
Egorger vos fils et vos compagnes.

Refrain

Aux armes, citoyens,
Formez vos bataillons,
Marchons, marchons,
Qu'un sang impur
Abreuve nos sillons.

II

Amour sacré de la Patrie
Conduis, soutiens nos bras vengeurs ;
Liberté, liberté chérie,
Combats avec tes défenseurs. *(bis)*.
Sous nos drapeaux que la victoire
Accoure à tes mâles accents ;
Que tes ennemis expirants
Voient ton triomphe et notre gloire.

Aux armes, etc...

III

Nous entrerons dans la carrière
Quand nos aînés n'y seront plus ;
Nous y trouverons leur poussière
Et l'exemple de leurs vertus. *(bis)*.
Bien moins jaloux de leur survivre
Que de partager leur cercueil,
Nous aurons le sublime orgueil
De les venger ou de les suivre.

Aux armes, etc...

YOUKAIDI

Scie en mauvais vers.
(Musique page 29 des Chansons de routes et de bivouac)

I

A l'heure où l'alouette s'éveille,
Youkaidi, Youkaida.
La sentinell' nous réveille,
Youkaida, aida,
L'on voit sortir de la tente,
La troupe alerte qui chante.

Refrain (à deux voix à la tierce)

Youkaidi, Youkaida,
Youkaidi, aida, aida,
Youkaidi, Youkaida,
Youkaidi, aida.

II

Puis c'est le rassemblement,
Youkaidi, Youkaida,
Sac au dos et en avant,
Youkaidi, aida,
Nous partons avec courage,
Transportant notre bagage.

III

Comme un vieux chef Indien,
Youkaidi, Youkaida,
Grâce à des signes certains,
Youkaidi, aida,
L'Eclaireuse en s'embarquant,
Sait prévoir s'il f'ra beau temps.

IV

Herbe couvert' de rosée,
Youkaidi, Youkaida,
Signe de pluie évitée,
Youkaidi, aida,
Herbe sèch' pendant la nuit,
Amène au matin la pluie.

V

Quand scintillent les étoiles,
Youkaidi, Youkaida,
Qu' l'araignée double sa toile,
Youkaidi, aida,
Qu' les poissons nag'nt à fleur d'eau,
Ça prouv' qu'il ne f'ra pas beau.

VI

Dans les haies toil's d'araignée,
Youkaidi, Youkaida,
Recouvertes de rosée,
Youkaidi, aida,
Signe certain qu'il f'ra beau,
Et même qu'il fera chaud.

VII

L'Eclaireuse en voyageant,
Youkaidi, Youkaida,
Peut aller mêm' sans argent,
Youkaidi, aida,
Qu'importe le lendemain
A qui sait gagner son pain.

VIII

L'honneur est notre noblesse,
Youkaidi, Youkaida,
Un bon cœur notre richesse,
Youkaidi, aida,
Tout droit et toujours joyeuse,
Ainsi marche l'Eclaireuse.

IX

Quand chantant un gai refrain,
Youkaidi, Youkaida,
Nous passons avec entrain,
Youkaidi, aida,
Sur le seuil de sa chaumière
Accourt la famille entière.

X

Et, si la beauté du site,
Youkaidi, Youkaida,
A camper là nous invite,
Youkaidi, aida,
Dans les fleurs et l'herbe on tend
La tente en moins d'un instant.

XI

Nous faisons notre cuisine,
Youkaidi, Youkaida,
Bientôt la forêt voisine,
Youkaidi, aida,
Laisse filtrer dans ses branches
De nos feux les fumées blanches.

XII

Soupes, rôtis ou ragoûts,
Youkaidi, Youkaida,
En voici pour tous les goûts,
Youkaidi, aida,
Fumets divers qu'accompagne
L'haleine de la campagne.

XIII

Après le joyeux repas,
Youkaidi, Youkaida,
On combine sa « B. A. »,
Youkaidi, aida,
On s'isole, on lit, on pense,
Et c'est « l'Heure du Silence ».

XIV

Puis au coucher du soleil,
Youkaidi, Youkaida,
S'allume le Feu d' Conseil,
Youkaidi, aida,
Toutes viennent s'y asseoir
Dans l'intimité du soir.

XV

Qand la nuit étend son voile,
Youkaidi, Youkaida,
Dans nos frèl's abris de toile,
Youkaidi, aida,
Ame en paix, corps fatigué,
On s'endort à poings fermés.

XVI

Le silence de la plaine,
Youkaidi, Youkaida,
Met en nous sa paix sereine,
Youkaidi, aida,
Solitaire sentinelle
A ton poste sois fidèle.

XVII

La moral' de tout ceci,
Youkaidi, Youkaida,
Mesdam', Messieurs, la voici,
Youkaidi, aida,
C'est que se faire Eclaireuse
Est une idée très heureuse.

(D'après la chanson d'Eclaireurs de E. Paroldi de la Ligurie).

CAHORS, IMP. COUESLANT (personnel intéressé). — 22.676

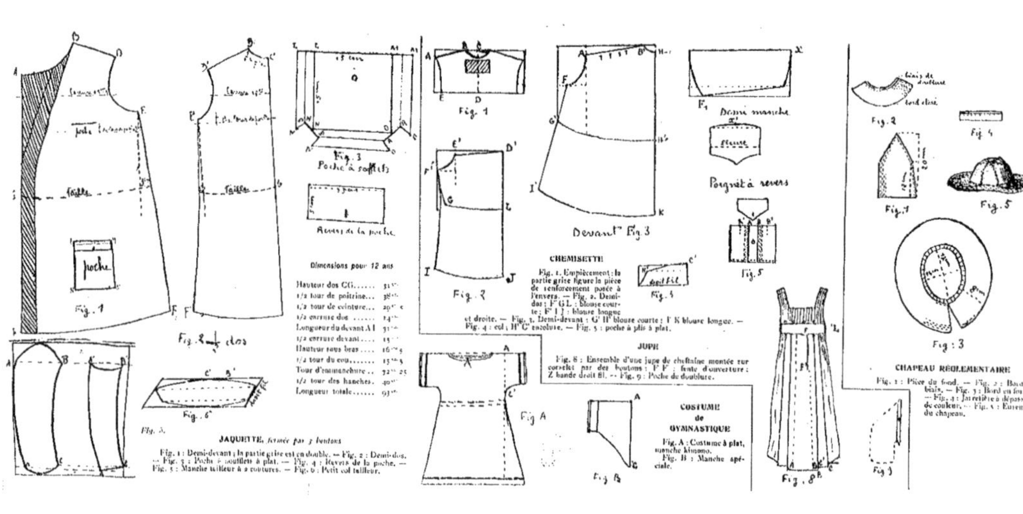

JAQUETTE, fermée par 3 boutons
Fig. 1 : Demi-devant ; la partie grise est en double. — Fig. 2 : Demi-dos.
— Fig. 3 : Poche à soufflets à plat. — Fig. 4 : Revers de la poche. —
Fig. 5 : Manche tailleur à 2 coutures. — Fig. 6 : Petit col tailleur.
Dimensions pour 12 ans
Hauteur dos CG
1/2 tour de poitrine
1/2 tour de ceinture
1/2 carrure dos
Longueur du devant AI
1/2 carrure devant
Hauteur sous bras
1/2 tour du cou
Tour d'emmanchure
1/2 tour des hanches
Longueur totale
CHEMISETTE
CHEMISETTE
Fig. 1 : Emplècement ; la
partie grise figure la pièce
de renforcement posée à
l'envers. — Fig. 2 : Demi-
dos : F G L : blouse cour-
te ; F I J : blouse longue
et droite. — Fig. 3 : Demi-devant : G' H' blouse courte ; I' K blouse longue. —
Fig. 4 : col ; H' G' enroulée. — Fig. 5 : poche à plis à plat.
JUPE
Fig. 8 : Ensemble d'une jupe de châtaine montée sur
corselet par des boutons ; F F : fente d'ouverture ;
Z bande droit Bl. — Fig. 9 : Poche de doublure.
COSTUME
de
GYMNASTIQUE
Fig. A : Costume à plat,
manche kimono.
Fig. B : Manche spé-
ciale.
CHAPEAU RÉGLEMENTAIRE
Fig. 1 : Pièce du fond. — Fig. 2 : Bord en
biais. — Fig. 3 : Bord en forme.
— Fig. 4 : Jarretières dépassant
de couleur. — Fig. 5 : Ensemble
du chapeau.

9 782329 172163